LE PIANISTE

WLADYSLAW SZPILMAN

LE PIANISTE

L'extraordinaire destin
d'un musicien juif
dans le ghetto de Varsovie,
1939-1945

suivi d'extraits du
Journal de Wilm Hosenfeld
et d'une postface de Wolf Biermann

Présentation d'Andrzej Szpilman

traduit de l'anglais par Bernard Cohen

ROBERT LAFFONT

Titre original : THE PIANIST
© Wladyslaw Szpilman, 1998
Traduction française : Éditions Robert Laffont, S.A., Paris, 2001

ISBN 2-221-09256-2
(édition originale : ISBN 0-75380-860-9 Phœnix, Londres)

Avant-propos

Même si mon père s'est très longtemps abstenu de la moindre allusion à ses années de guerre, elles ont accompagné toute mon enfance. J'avais douze ans lorsque je me suis discrètement emparé du livre que l'on va trouver ici, rangé sur une étagère retirée de notre bibliothèque. C'est par lui que j'ai découvert pourquoi je n'avais pas de grands-parents paternels et pour quelle raison mon père ne parlait jamais de sa famille. Une partie de mon identité se révélait ainsi à moi. Il savait que je l'avais lu, j'en étais certain, et pourtant pas une fois nous ne l'avons évoqué ensemble. C'est peut-être ce qui explique qu'il ne me soit pas venu à l'idée qu'il puisse présenter quelque intérêt à d'autres que moi jusqu'à ce que mon ami Wolf Biermann m'en fasse la remarque le jour où je lui ai raconté l'histoire de mon père.

Moi qui ai vécu de nombreuses années en Allemagne, je suis très conscient du douloureux silence qui continue à séparer les Juifs des Allemands et des Polonais. Mon espoir est que ce livre permette d'apaiser certaines blessures qui demeurent à vif aujourd'hui encore.

Wladyslaw Szpilman, mon père, n'était pas un écrivain [1]. Sa profession consistait à être « un homme en qui la musique est vivante », ainsi que le formulent les Polonais : un pianiste et un compositeur qui a toujours représenté une source d'inspiration et de renouvellement dans la vie culturelle de la Pologne.

C'est à l'Académie des arts de Berlin qu'il avait parachevé sa formation pianistique sous la direction d'Arthur Schnabel, tout en étudiant la composition avec Franz Schreker. À l'arrivée au pouvoir d'Hitler en 1933, il était retourné à Varsovie où il était devenu pianiste à la radio polonaise. En 1939, il avait déjà écrit plusieurs musiques de film ainsi que de nombreux lieder, des chansons et des ballades qui connurent une grande popularité en leur temps. Avant que la guerre éclate, il avait joué en compagnie de Bronislav Gimpel, violoniste de réputation mondiale, d'Henryk Schoering et d'autres interprètes fameux.

À partir de 1945, il avait repris ses activités à la radio polonaise tout en recommençant à donner des concerts, en soliste ou en formations de chambre. Il avait alors composé des œuvres symphoniques ainsi qu'environ trois cents chansons, dont plusieurs sont devenues des succès populaires. Il avait également écrit des partitions pour les enfants, d'autres musiques de film encore, ou pour des dramatiques radiodiffusées.

Mon père a dirigé le service musical de la radio polonaise jusqu'en 1963, date à laquelle il a renoncé à cette

---

1. Wladyslaw Szpilman est décédé le 5 juillet 2000, alors que la présente traduction s'achevait. *(N.d.T.)*

fonction pour consacrer plus de temps à ses concerts et au Quintette de Varsovie, qu'il avait fondé avec Bronislav Gimpel. Il a mis fin à sa carrière de concertiste en 1986, après plus de deux mille apparitions en public dans le monde entier, et s'est dès lors consacré entièrement à la composition.

Personnellement, je ne puis que déplorer que son œuvre de compositeur soit restée presque inconnue en Occident. À mon avis, cela s'explique en partie par la longue division de l'Europe en deux zones politiques, mais aussi culturelles, qui a suivi la Seconde Guerre mondiale. Et puis la musique de divertissement dispose d'une audience bien plus large que la musique classique, dite « sérieuse », et sur ce point la Pologne ne constitue pas une exception. Alors que plusieurs générations de Polonais ont grandi en fredonnant des airs composés par mon père — car il a été un maître du genre pendant des décennies —, ces ballades n'ont jamais pu franchir la frontière occidentale du pays.

Wladyslaw Szpilman a écrit la version initiale de ce livre en 1945, avant tout pour lui-même plutôt que pour un lectorat potentiel ; d'après moi, c'était un retour sur de terribles expériences, qui lui permettait de se libérer de ses émotions les plus poignantes et de continuer à avancer dans la vie. Depuis, il n'avait jamais été réédité, quand bien même plusieurs maisons d'édition polonaises ont tenté de le remettre à la disposition des nouvelles générations dans les années soixante. Chaque fois, ces efforts ont été contrariés sans aucune explication officielle mais pour des raisons évidentes qui n'appartenaient qu'aux autorités de l'époque.

Plus de cinquante après sa première parution, ce témoignage est à nouveau accessible, ce qui constituera peut-être, pour tous les Polonais de bonne volonté, un encouragement à le republier dans leur langue, dans leur pays.

Andrzej Szpilman

1

La guerre

Au 31 août 1939, tout Varsovie était persuadé depuis déjà un certain temps qu'un conflit avec l'Allemagne était inévitable. Seuls les optimistes impénitents avaient pu nourrir jusqu'à ce jour l'illusion que la détermination affichée par la Pologne allait finalement dissuader Hitler d'attaquer. Chez d'autres, inconsciemment peut-être, ce vœu pieux confinait à l'opportunisme pur et simple : à l'encontre de toute logique, et quand bien même il ne faisait plus de doute depuis belle lurette que la guerre était à l'horizon, ils voulaient croire qu'elle tarderait assez à éclater pour leur permettre de jouir de l'existence un peu plus longtemps. Car malgré tout la vie valait d'être vécue, n'est-ce pas ?

Certes, un black-out total était exigé des habitants le soir venu. Dans chaque appartement, on calfeutrait soigneusement la pièce qui devrait servir d'abri contre les gaz, on essayait les masques : de tous les dangers pressentis, celui-là était le plus redouté. Mais au même moment, derrière les vitrines aveuglées des cafés et des bars, les orchestres continuaient à jouer pour les clients occupés à boire, à danser et à cultiver leur fibre patriotique en entonnant des chants belliqueux. L'obscurité forcée, la nouveauté que constituait l'obligation de se déplacer avec son masque à gaz en bandoulière, l'aspect surprenant qu'avaient pris les rues lorsqu'on les parcourait désormais en taxi dans la nuit, tout cela ajoutait un certain sel au train-train quotidien, d'autant qu'aucune menace réelle ne pesait sur la ville, pour l'instant.

Le ghetto n'existait pas encore. Je vivais chez mes parents rue Sliska, avec mes sœurs et mon frère. J'étais pianiste pour Radio Pologne. Ce dernier jour d'août, je suis rentré tard, fatigué, si bien que je me suis mis au lit aussitôt. Nous habitions au troisième étage, une situation qui avait ses avantages les nuits d'été, quand la poussière et l'odeur âcre de la rue étaient repoussées de nos fenêtres ouvertes par une brise portant l'haleine rafraîchissante de la Vistule.

Quand j'ai été réveillé par le bruit, le jour se levait déjà. J'ai consulté l'horloge. Six heures. Les explosions se produisaient en série, assez assourdies à vrai dire, et certainement lointaines ; non dans la ville même, en tout cas. Sans doute des exercices militaires, ai-je conclu. Il y en avait eu si souvent au cours des derniers jours que nous nous y étions habitués. Après quelques minutes, les grondements se sont tus et j'ai été tenté de me rendormir mais il faisait trop clair, le soleil pointait, et j'ai donc choisi de prendre un livre en attendant le moment du petit déjeuner.

Il devait être au moins huit heures quand la porte de ma chambre s'est ouverte. Ma mère est apparue, vêtue comme si elle s'apprêtait déjà à sortir. Plus pâle que d'habitude, elle n'a pu dissimuler une certaine réprobation en me découvrant encore au lit, plongé dans ma lecture. Elle a fait mine de parler mais sa voix s'est étranglée et elle s'est éclairci la gorge avant de lancer d'un ton heurté, oppressé : « Debout ! C'est la… La guerre a éclaté ! »

J'ai décidé de me rendre sans tarder au siège de la radio, où je pourrais retrouver mes amis et apprendre les dernières nouvelles. Je me suis habillé en hâte et je suis parti après une brève collation.

De grandes affiches sur fond blanc avaient déjà été placardées aux murs ou sur les colonnes publicitaires, reproduisant l'Appel à la nation du président qui annonçait que les Allemands avaient déclenché les hostilités. Des groupes de passants s'étaient arrêtés pour lire tandis que d'autres couraient régler leurs affaires les plus urgentes. La patronne de l'épicerie proche de notre immeuble s'affairait à étaler des bandes de papier collant sur ses vitres, avec l'espoir que cela les empêche de voler en éclats au cours des bombardements à venir. À côté, sa fille était en train de décorer de petits drapeaux polonais et des effigies de dignitaires nationaux les plateaux de salade composée, de saucisses ou de tranches de jambon. Les vendeurs de journaux à la criée arpentaient les rues avec leurs éditions spéciales, hors d'haleine.

Pas de panique, cependant. La réaction populaire se partageait entre l'expectative – et maintenant, quoi ? – et l'étonnement : alors, c'est ainsi que débute une guerre ?

Un monsieur grisonnant et rasé de frais était planté devant l'une des affiches. Son état d'agitation se révélait aux taches rouges qui parsemaient son visage et à son chapeau qu'il avait repoussé en arrière sur son crâne, ce qu'il n'aurait certainement jamais fait en temps normal. Il étudiait mot à mot la déclaration présidentielle en secouant la tête d'un air incrédule et en rajustant sans cesse son pince-nez. Il a lu un passage à voix haute, d'un ton indigné : « Ils nous ont attaqués... sans sommation ! » Guettant d'un regard circulaire la réaction des badauds arrêtés autour de lui, il s'est exclamé, un doigt levé : « Ah ! ce ne sont pas des manières, fichtre non ! » Alors qu'il s'éloignait après une dernière relecture, il murmurait encore, incapable de retrouver son calme : « Ah ! non, c'est trop fort, vraiment ! »

Je n'habitais pas très loin du bâtiment de la radio mais ce jour-là le trajet m'a pris deux fois plus de temps que d'habitude. Je n'avais accompli que la moitié du chemin lorsque le hurlement des sirènes s'est élevé des haut-parleurs fixés aux réverbères et aux enseignes des magasins. Puis j'ai reconnu la voix du présentateur de la radio : « Ceci est une alerte destinée à la ville de Varsovie ! Soyez vigilants ! Sont maintenant en approche... » Et, là, il s'est mis à réciter une série de lettres et de chiffres, un code militaire qui sonnait aux oreilles civiles comme des formules cabalistiques aussi mystérieuses que menaçantes. Les chiffres indiquaient-ils le nombre d'avions qui s'apprêtaient à fondre sur nous ? Et les lettres, est-ce qu'elles symbolisaient les quartiers où les bombes allaient tomber ? Et, dans ce cas, la zone où je me trouvais maintenant était-elle concernée ?

Les rues se sont vidées rapidement. Les femmes se hâtaient vers les abris mais les hommes ne voulaient pas descendre, eux, préférant se masser sous les porches en insultant les Allemands, en faisant étalage de leur témérité et en maudissant les autorités d'avoir bâclé la mobilisation au point que seule une petite fraction des citoyens aptes au service se trouvaient sous les drapeaux, le reste errant d'un centre de mobilisation à l'autre sans arriver à se faire enrôler malgré toutes leurs supplications.

Bientôt, le silence des artères désertées n'a été rompu que par les controverses entre les chefs d'îlot chargés de veiller à ce que tout le monde soit aux abris et les gens qui s'entêtaient à rester dans les entrées des immeubles pour une raison ou une autre, ou même qui tentaient de poursuivre leur route en rasant les murs. Un instant plus tard, les explosions ont repris. Elles restaient encore assez éloignées, toutefois.

Quand je suis arrivé à la radio, les sirènes se sont déclenchées pour la troisième fois. Apparemment, cependant, personne dans le bâtiment ne se souciait de se hâter vers les abris antiaériens. La programmation était bouleversée. Dès qu'une émission préparée en urgence commençait, elle était aussitôt interrompue par quelque nouvelle d'importance, un bulletin du front ou une déclaration d'ordre diplomatique qui avaient valeur de priorité et qui étaient chaque fois accompagnés de marches militaires ou d'hymnes patriotiques.

La même confusion régnait dans les couloirs et les bureaux, où dominait une atmosphère résolue, joyeusement belliqueuse. Un producteur qui avait reçu sa feuille de route était venu prendre congé de ses collègues, paradant dans son uniforme. S'attendant sans doute à une scène d'adieu aussi poignante qu'édifiante, sa déception devait être grande à constater que personne n'avait le temps de s'intéresser à lui. Alors il restait là, tentant de retenir un instant ses camarades de travail qui couraient en tous sens pour les persuader de diffuser au moins une partie du programme qu'il avait préparé – sous le titre : « Un citoyen vous dit au revoir » –, afin de pouvoir peut-être raconter un jour cet exploit à ses petits-enfants. Il ne savait pas que ses collègues n'auraient toujours pas de temps à lui consacrer deux semaines plus tard, même pour honorer sa mémoire par des funérailles en bonne et due forme.

À la porte du studio, un vieux pianiste qui travaillait lui aussi pour la radio m'a attrapé par le bras. Cher professeur Ursztein… Alors que le commun des mortels calcule en jours et en heures, son unité de mesure personnelle était la décennie de carrière d'accompagnateur. Ainsi, quand il cherchait à situer quelque événement dans le passé, il commençait invariablement par un : « Attendez voir… Oui, à l'époque, j'accompagnais une telle ou un tel. » Et une fois après avoir retrouvé de cette manière la période concernée et l'avoir localisée dans le temps, de même qu'une borne marque la distance au bord de la route, il laissait sa mémoire revenir au reste de ses souvenirs, évidemment moins importants que ce repère. Là, il semblait désorienté, abasourdi : comment mener cette guerre sans accompagnement au piano ? De quoi aurait-elle l'air ? Tout perdu, il s'est mis à geindre : « On ne m'a même pas dit si j'allais travailler, aujourd'hui… » L'après-midi venu, cependant, nous étions tous deux occupés à notre instrument – bien que déplacées de leurs horaires habituels, les émissions musicales avaient été maintenues.

Vers midi, comme certains d'entre nous avaient faim, nous sommes sortis en groupe manger un morceau dans un restaurant proche du centre radiophonique. Les rues avaient repris une apparence presque normale. Dans les principales artères, la circulation était dense, qu'il se soit agi de trams, de voitures ou de piétons. Tous les magasins étaient ouverts, et il n'y avait même pas de queues puisque le maire avait certifié à la population qu'il était inutile de stocker les vivres. Les colporteurs réalisaient d'excellentes affaires en proposant un jouet en papier qui faisait fureur : de prime abord, c'était un cochon mais en le pliant d'une autre façon vous obteniez la tête d'Hitler.

Après quelque difficulté à trouver une table, nous avons découvert une fois installés que plusieurs des mets les plus simples avaient disparu de la carte, et que les autres atteignaient un prix nettement plus élevé qu'à l'accoutumée : les spéculateurs étaient déjà à l'œuvre.

La conversation s'est centrée sur l'entrée en guerre imminente de la France et de l'Angleterre que, à part quelques fieffés pessimistes, la plupart d'entre nous attendaient pour les jours, voire les heures à venir. Se fondant sur l'expérience de la Grande Guerre, nombreux étaient ceux qui pensaient que les États-Unis ne tarderaient pas à suivre cet exemple, le sentiment général voulant que le précédent conflit mondial n'ait servi qu'à nous apprendre à mieux conduire celui-ci et à éviter cette fois les erreurs passées.

La France et la Grande-Bretagne ont officiellement déclaré la guerre à l'Allemagne le 3 septembre. Ce jour-là, j'étais encore à la maison alors qu'il était pourtant déjà onze heures. Chez nous, la radio restait allumée en permanence car nous ne voulions pas perdre une bribe des nouvelles capitales qui nous en parvenaient. Les bulletins en provenance du front ne répondaient certes pas à nos attentes : si notre cavalerie avait attaqué la Prusse-Orientale et si nos avions bombardaient des objectifs militaires allemands, la supériorité militaire de l'ennemi, sa puissance de feu sans comparaison contraignaient l'armée polonaise à reculer en tout point. C'était d'autant plus incroyable que notre propagande nous avait répété que les chasseurs et les tanks allemands étaient en carton-pâte et qu'ils utilisaient un carburant de synthèse pas même capable de faire fonctionner un briquet ! Plusieurs appareils nazis avaient déjà été abattus au-dessus de Varsovie et les témoins interrogés affirmaient avoir vu de leurs propres yeux les cadavres des aviateurs ennemis vêtus de combinaisons en papier et chaussés pareillement... Alors comment des troupes aussi lamentablement équipées pouvaient-elles contraindre les nôtres à battre en retraite ? C'était à ne rien y comprendre.

Ma mère était en train de s'affairer dans le salon, mon père de répéter un morceau au violon, et moi de lire dans un fauteuil lorsque l'émission qui passait à ce moment a été brusquement interrompue par la voix solennelle d'un présentateur : un communiqué de la plus haute importance allait être diffusé. Nous nous sommes aussitôt hâtés de nous pencher sur la radio, mon père et moi, tandis que maman courait prévenir mes deux sœurs et mon frère dans la pièce d'à côté. Des marches militaires se sont succédé, puis le speaker a répété son annonce, puis il y a eu encore de cette musique martiale, puis à nouveau l'annonce... Nous en étions arrivés à un niveau de tension presque insupportable quand les premières notes de l'hymne national ont enfin retenti. En entendant qu'il était suivi par celui de la Grande-Bretagne, nous avons compris que nous n'étions désormais plus seuls face à notre ennemi. La déclaration officielle nous a confirmé que nous disposions maintenant d'un allié puissant et que la victoire était certaine, même si des épreuves nous attendaient encore et si notre situation n'était pour l'instant pas des meilleures.

Décrire l'émotion qui nous a étreints à cet instant serait impossible. Mère avait les larmes aux yeux, Père ne cherchait pas à réprimer ses sanglots. Quant à Henryk, mon frère, il en a profité pour faire mine de me décocher un coup de poing et s'exclamer, non sans agressivité : « Tiens ! Je te l'avais bien dit, non ? » Regina, qui ne voulait pas nous voir nous quereller en pareille occasion, s'est interposée d'un ton calme : « Allons, arrêtez ! Nous savions tous que cela devait arriver... Elle a marqué une pause : C'est la conséquence logique des traités internationaux. » Comme sa profession de juriste lui conférait toute autorité en la matière, il était inutile de chercher à polémiquer avec elle. Pendant ce temps, Halina s'était assise devant le poste, cherchant à capter Radio Londres pour avoir une confirmation indiscutable de la nouvelle.

Mes deux sœurs étaient les éléments les plus raisonnables de notre famille. De qui avaient-elles repris ce trait de caractère ? De Mère, sans doute, et cependant celle-ci paraissait encore très impulsive, comparée à Regina et Halina.

Quatre heures plus tard, la France entrait en guerre contre l'Allemagne. L'après-midi, mon père a tenu à participer au rassemblement convoqué devant l'ambassade de Grande-Bretagne, en dépit des réticences de Mère. Il en est revenu survolté, les vêtements en désordre à cause de la cohue. Il avait entrevu notre chef de la diplomatie en compagnie des ambassadeurs britannique et français, il avait poussé des hourras et chanté en chœur avec les autres, mais soudain la foule avait été appelée à se disperser au plus vite, les autorités craignant un raid aérien. Les manifestants avaient obéi avec une telle énergie que Père avait manqué d'être étouffé, ce qui n'avait en rien terni sa bonne humeur.

Notre joie n'a été que de courte durée, malheureusement. Les bulletins du front devenaient de plus en plus alarmants, et le 7 septembre, juste avant l'aube, nous avons été réveillés par des coups insistants à notre porte. Le voisin de l'appartement d'en face, un médecin, se tenait sur le seuil en hautes bottes militaires, veste de chasse et casquette, sac à dos sur les épaules. Malgré sa hâte, il avait estimé nécessaire de prendre le temps de nous prévenir que les Allemands marchaient sur Varsovie, que le gouvernement avait été évacué à Lublin et que tous les hommes valides avaient la consigne de quitter la ville pour se regrouper sur l'autre rive de la Vistule, où une nouvelle ligne de défense allait être constituée.

Comme aucun de nous ne voulait le croire, j'ai résolu d'aller glaner des informations auprès d'autres voisins. Henryk a allumé la radio mais il n'a obtenu que le silence, la station avait cessé d'émettre. Pour ma part, je n'ai pu trouver grand monde. Plusieurs appartements étaient déjà bouclés, dans d'autres des femmes en pleurs préparaient le paquetage d'un mari ou d'un frère. Chacun se préparait au pire et il n'y avait plus de doute possible : le médecin n'avait pas menti.

J'ai pris rapidement ma décision. J'allais rester. S'aventurer hors de la cité ne servirait à rien ; si la mort m'attendait, je mourrais plus vite chez moi. Et puis il fallait que quelqu'un veille sur ma mère et mes sœurs au cas où mon père et Henryk partiraient, me suis-je dit. Lorsque nous en avons discuté tous ensemble, cependant, il s'est avéré qu'ils avaient eux aussi choisi de demeurer sur place.

20

Avec son sens inné du devoir, Mère a toutefois essayé de nous persuader de suivre les ordres et de quitter la ville Ses yeux agrandis par l'effroi fixés sur nous, elle multipliait les arguments en ce sens. Mais quand elle a constaté que nous maintenions notre position son beau visage si sensible a laissé transparaître un soulagement instinctif : quoi qu'il puisse nous arriver, il valait mieux l'endurer ensemble.

J'ai attendu huit heures pour sortir. Varsovie était méconnaissable. Comment un changement aussi radical s'était-il produit en si peu de temps ? Toutes les échoppes étaient fermées, les trams avaient disparu et il n'y avait plus que des voitures, bondées, qui filaient toutes dans la même direction, celle des ponts sur la Vistule. Un détachement de soldats descendait la rue Marszalkowska. Ils avaient l'air déterminés et chantaient à pleins poumons, mais on voyait bien que la discipline s'était notablement relâchée parmi eux : chacun portait son calot sous un angle différent, sa carabine selon son goût, et aucun ne marchait au pas. Quelque chose dans leur expression suggérait qu'ils partaient au combat de leur propre initiative, pour ainsi dire, et qu'ils avaient cessé depuis longtemps d'appartenir à une machinerie aussi précise et rigoureuse que l'est une armée régulière.

Sur le trottoir, deux jeunes femmes leur jetaient des œillets roses au passage en piaillant quelque formule incompréhensible, litanie qui n'attirait pas la moindre attention des passants affairés. À l'évidence, tous n'avaient qu'une idée en tête : régler d'ultimes détails et se rendre de l'autre côté du fleuve au plus vite avant que les Allemands ne lancent leur attaque.

Même les habitants s'étaient transformés depuis la veille au soir. Où étaient-ils passés, ces dames et ces messieurs qui semblaient tout droit sortis d'un journal de mode, qui assuraient à Varsovie sa réputation de capitale de l'élégance ? La foule agitée de ce matin-là semblait déguisée en un assemblage hétéroclite de chasseurs et de touristes. On avait sorti les bottes d'équitation ou de ski, les fuseaux de montagne, on s'était sommairement couvert la tête d'un foulard ou d'une casquette, on charriait des sacs et des cabas, bâton de marche dans une main… Personne ne s'était soucié de sa mise, ce jour-là.

Encore si propres hier, les rues étaient couvertes de déchets. Partout, dans les allées, les parcs ou même sur la chaussée, des soldats revenus du front restaient affalés au sol, assis ou couchés, l'air accablé par la fatigue et le découragement, une contenance qu'ils cherchaient à forcer afin de bien faire comprendre aux citadins qu'ils se trouvaient là uniquement parce que leur présence en première ligne n'avait plus aucune utilité, désormais. Glanées auprès d'eux, les dernières nouvelles en provenance de la zone des combats circulaient à voix basse. Aucune n'était bonne.

À un moment, j'ai cherché machinalement les hautparleurs des yeux. Les avait-on retirés ? Non, ils étaient toujours à leur place, mais ils restaient silencieux.

J'ai couru jusqu'à la radio. Pourquoi étions-nous privés d'informations ? Pourquoi n'y avait-il personne pour tenter de redonner courage au peuple et d'arrêter l'exode en masse qui avait commencé ? Le bâtiment allait fermer, la direction avait fui la ville. Il ne restait plus que les employés de la comptabilité, qui se dépêchaient de remettre aux producteurs et aux artistes sous contrat trois mois de salaire, sans autre forme d'explication.

« Que sommes-nous censés faire, maintenant ? » ai-je

demandé à un chef de service que j'avais réussi à retenir alors qu'il sortait d'un pas pressé.

Il m'a lancé un regard distrait, où se lisaient le dédain puis la colère tandis qu'il dégageait son bras d'un coup sec.

« Qui s'en soucie ? » a-t-il crié en haussant les épaules, avant de reprendre sa route et de claquer brutalement la porte derrière lui.

C'était intolérable ! Personne n'arrivait à persuader tous ces gens de rester à leur poste au lieu de prendre leurs jambes à leur cou. Les haut-parleurs s'étaient tus, on ne se donnait plus la peine de balayer les rues. Mais qu'est-ce qui les salissait vraiment ? Les ordures ou cette peur panique ? ou la honte de ne pas résister et se battre ?

C'était sa dignité que la ville venait soudain de perdre, irrémédiablement. Là, avant tout, résidait la défaite.

Je suis rentré à la maison très abattu.

Le lendemain soir, un obus allemand a touché la scierie qui faisait face à notre immeuble. Les premières vitres à voler en éclats alentour ont été celles de l'épicerie, malgré tout le papier blanc dont on les avait protégées.

2

« Marschallstrasse ! Marschalstrasse ! »

En quelques jours, un revirement très positif s'était produit : décrétée place forte, la ville avait été placée sous l'autorité d'un commandant dont le premier appel à la population avait exhorté les habitants à rester sur place et à se porter volontaires pour défendre Varsovie. Sur l'autre rive de la boucle que fait la Vistule, une contre-attaque polonaise était en cours d'organisation ; notre responsabilité serait de retenir le gros des forces ennemies dans la cité jusqu'à ce que notre armée vienne à la rescousse. La situation s'était également améliorée aux abords de la capitale, puisque l'artillerie allemande avait cessé de nous pilonner.

Les raids aériens, par contre, gagnaient en intensité. Et plus d'alertes, désormais, elles avaient trop longtemps érodé la vigilance des citoyens. Il se passait rarement une heure avant de voir les silhouettes argentées des bombardiers resurgir très haut dans le ciel d'automne, d'un bleu incroyable cette année-là, puis les anneaux de fumée blanche produits par les batteries de notre DCA, et alors il fallait se précipiter aux abris. Ce n'était plus une plaisanterie, la ville tout entière était devenue une cible, les murs et les plafonds des abris tremblaient sous les impacts et si jamais l'immeuble sous lequel vous vous cachiez était atteint c'était la mort assurée, la balle fatale dans cette roulette russe à laquelle Varsovie devait se soumettre. Les ambulances n'arrêtaient plus de sillonner les rues, remplacées par les taxis quand elles ne suffisaient plus à la tâche, voire par de simples carrioles chargées de cadavres et de blessés retirés des ruines.

Le moral était excellent, néanmoins, et la détermination ne cessait de se renforcer. Nous n'étions plus réduits à compter seulement sur la chance et l'instinct de survie de chacun, comme cela avait été le cas le 7 septembre maintenant, nous formions une armée, avec un encadrement et des munitions ; nous disposions d'un objectif, l'autodéfense de la cité, et de nous seuls dépendait le succès ou la défaite. Il nous fallait seulement y consacrer toutes nos énergies.

Le commandant en chef ayant appelé les habitants à creuser des tranchées autour de la ville afin d'empêcher l'avance des chars allemands, nous nous sommes tous portés volontaires, dans la famille, à l'exception de Mère, qui restait à la maison pour s'occuper du ménage et nous préparer à dîner. Nous avons été envoyés au pied d'une colline après les derniers faubourgs, entre un quartier résidentiel formé de jolies villas et un parc municipal où les arbres foisonnaient. En fait, le travail aurait été presque agréable s'il n'y avait pas eu la menace permanente des bombes. Elles ne tombaient pas avec une grande précision mais il était toujours désagréable de les entendre passer en sifflant tandis que nous piochions, conscients que l'une d'elles pourrait transformer notre tranchée en tombe.

Le premier jour du chantier, un vieux Juif en caftan et chapeau orthodoxe pelletait la terre à côté de moi. Il s'activait avec une ferveur toute biblique, se battait avec son outil comme s'il s'était agi d'un ennemi mortel, l'écume aux lèvres, ses traits pâles ruisselant de sueur, son maigre corps secoué de frissons, tous les muscles douloureusement contractés. Il grinçait des dents, se transformait en une tornade de tissu noir et de barbe, mais ces efforts désordonnés, qui dépassaient de beaucoup ses ressources physiques, ne produisaient que d'infimes résultats. Le tranchant de sa pelle effleurait à peine la boue séchée et les dures mottes jaunâtres qu'il détachait péniblement retombaient souvent dans la tranchée lorsqu'il avait recours à toutes ses forces pour envoyer sa pelletée au-dehors. Alors, il se laissait aller contre le mur de terre, secoué de quintes de toux, plus livide qu'un agonisant, et avalait quelques gorgées de la décoction de menthe poivrée que les femmes les plus âgées, incapables de creuser mais déterminées à se rendre utiles de quelque manière, préparaient pour nous.

« Vous vous surmenez, lui ai-je dit pendant qu'il cherchait à reprendre son souffle. Vous ne devriez pas vous imposer ce travail, vraiment. Vous n'en avez pas la force. J'avais pitié de lui et j'ai continué à essayer de le persuader qu'il ferait mieux d'arrêter, qu'il n'était visiblement pas en état de continuer. Écoutez, personne ne vous y force, tout de même ! »

Il m'a observé un instant, toujours hors d'haleine, puis il a levé les yeux au ciel, une voûte d'un bleu intense où traînaient encore quelques petits nuages blancs laissés par des départs d'obus, et une sorte d'extase est apparue sur ses traits, comme s'il venait d'apercevoir Yahvé trônant là-haut dans toute sa majesté

« J'ai une boutique en ville, moi ! » a-t-il chuchoté en guise d'explication, la respiration toujours plus oppressée. Laissant échapper un sanglot, le désespoir fait homme, il s'est à nouveau jeté sur sa pelle, manquant de perdre l'équilibre, hagard d'épuisement.

Au bout de deux journées, je ne suis plus retourné à la tranchée, j'avais appris que la radio avait repris ses émissions sous la conduite d'un nouveau directeur, Edmund Rudnicki, l'ancien responsable des programmes musicaux qui, loin de s'enfuir comme les autres, avait battu le rappel de ses collègues dispersés, et j'étais arrivé à la conclusion que je serais plus utile en studio que dans une tranchée. Ce qui allait s'avérer juste, car j'ai aussitôt recommencé à jouer énormément, aussi bien en soliste qu'en accompagnateur.

Pendant ce temps, les conditions de vie à Varsovie se dégradaient de manière inversement proportionnelle à la résolution grandissante de ses habitants, aurait-on cru. L'artillerie allemande avait repris son pilonnage, d'abord sur les faubourgs puis sur le centre. Nombre d'immeubles n'avaient plus une vitre intacte, des trous béants apparaissaient dans les façades, des pans de mur entiers s'écroulaient. La nuit, les incendies teintaient le ciel en rouge et l'odeur âcre de la fumée se répandait partout. Les vivres commençaient à manquer, aussi. Sur ce point, notre courageux maire, Starzynski, avait commis une erreur en dissuadant les habitants de constituer des réserves de nourriture. Car outre pour elle-même la cité devait maintenant assurer la subsistance des soldats qui avaient reflué ici, ainsi que de l'armée de

Poznan, venue de l'ouest renforcer la défense de la capitale.

Vers le 20 septembre, nous avons tous quitté la rue
Sliska pour nous installer chez des amis qui vivaient dans
un immeuble de la rue Panska, au rez-de-chaussée.
Aucun de nous n'appréciait l'abri antiaérien, cette cave
à l'atmosphère irrespirable dont le plafond bas menaçait de s'écrouler à tout instant sur ses occupants et de les
ensevelir sous les ruines du grand immeuble qui la
surplombait, mais notre appartement, au troisième
étage, était trop exposé pour que nous puissions y rester
pendant les bombardements. Par les fenêtres sans vitres,
nous entendions alentour les obus siffler dans les airs et
l'un d'eux pouvait très bien finir par frapper notre bâtiment. Un rez-de-chaussée était la meilleure solution,
avions-nous conclu, puisque les bombes atteindraient
d'abord les étages supérieurs et que nous n'aurions pas
à descendre à la cave. Nous étions nombreux à avoir
tenu le même raisonnement, visiblement, car l'appartement de nos amis était bondé, au point que nous devions
dormir à même le sol.

Le siège de Varsovie, premier épisode de l'histoire
tragique de cette ville, arrivait cependant à sa fin.

Me rendre à la radio devenait chaque jour plus difficile, plus périlleux. Les cadavres de passants et de
chevaux tués par des éclats d'obus encombraient les
rues. Des quartiers entiers étaient en flammes, mais
comme les conduites d'eau municipales avaient été
détruites en plusieurs endroits par les bombes il devenait impossible d'éteindre les incendies. Une fois arrivé
au siège de la station, je n'étais pas plus protégé : les artil-
leurs allemands s'acharnant sur les principaux centres
publics, il suffisait qu'un présentateur annonce une

émission pour qu'ils pointent leurs canons sur l'immeuble de la radio.

Alors que le dénouement du siège approchait, la hantise du sabotage a atteint un niveau d'hystérie jusqu'alors inégalé. N'importe qui pouvait être désigné comme espion infiltré et abattu sur-le-champ, sans avoir le temps de plaider son innocence. C'est ainsi qu'une dame âgée qui habitait au quatrième étage du bâtiment où nous avions trouvé refuge chez nos amis, une célibataire qui enseignait la musique, avait la double malchance de s'appeler Hoffer et de ne pas craindre le danger. Sa témérité, à vrai dire, pouvait aisément passer pour de l'excentricité puisque aucune attaque aérienne, aucun pilonnage n'était capable de l'amener à descendre aux abris et de renoncer aux deux heures d'exercices qu'elle consacrait quotidiennement à son piano avant le déjeuner. Son immuable emploi du temps la conduisait également à nourrir trois fois par jour les oiseaux en cage qu'elle élevait sur son balcon. Dans Varsovie assiégée, ce style de vie devait immanquablement provoquer la perplexité, puis les soupçons. Les bonnes de l'immeuble, qui se retrouvaient régulièrement dans la loge du concierge pour échanger leurs points de vue sur la situation, avaient longuement débattu de son cas et l'avaient soumise à une constante surveillance avant de parvenir à la conclusion qu'une vieille fille affublée d'un nom aussi germanique ne pouvait qu'être allemande, et que ses gammes constituaient en réalité un code secret qui lui permettait d'indiquer aux pilotes de la Luftwaffe les objectifs sur lesquels déverser leurs bombes. À l'issue de leurs délibérations, ces femmes surexcitées avaient assailli l'originale chez elle, l'avaient ligotée puis l'avaient enfermée dans l'une des caves du bâtiment, en compagnie des oiseaux, preuve indiscutable de ses activités d'espionne. Sans le vouloir, elles devaient lui sauver la vie, car quelques jours plus tard, un obus atteignait l'appartement de la dame, le dévastant de fond en comble.

C'est le 23 septembre que j'ai joué pour la dernière fois devant un microphone de la radio. Encore aujourd'hui, j'ignore comment je suis arrivé à rejoindre le studio ce jour-là, sautant de porche en porche, traversant les rues à toutes jambes dès que j'avais l'impression que les explosions s'éloignaient un peu de la zone que je traversais. À l'entrée du centre radiophonique, j'ai croisé notre maire. Hirsute, mal rasé, il semblait au bord de l'épuisement, ne s'étant pas accordé un instant de sommeil depuis une semaine. C'était l'âme de la défense de Varsovie, Starzynski, le véritable héros de notre cité. L'entière responsabilité de notre sort reposait sur ses épaules et il était partout, inspectant les tranchées, surveillant l'édification des barricades ou la mise en place de nouveaux hôpitaux de campagne, veillant à la juste répartition des rares vivres encore disponibles, s'occupant de la défense antiaérienne ou de la lutte contre les incendies, et malgré tout cela il trouvait encore le temps de s'adresser chaque jour à la population. Tout le monde attendait avec impatience ses interventions radiodiffusées, qui insufflaient à chacun un courage renouvelé. Tant que le maire gardait confiance, personne n'aurait pensé à baisser les bras. Les événements semblaient plutôt favorables à notre cause, d'ailleurs : les Français avaient enfoncé la ligne Siegfried, Hambourg venait d'être sévèrement bombardé par l'aviation britannique, les soldats anglais allaient prendre pied sur le sol allemand d'un moment à l'autre… Ou c'est que nous croyions alors, en tout cas.

Ce 23 septembre, donc, mon récital d'œuvres de Chopin a constitué l'ultime programme musical retransmis en direct de Varsovie. Pendant tout le temps que je jouais, les obus explosaient tout près du studio, des immeubles voisins étaient la proie des flammes. Dans ce vacarme, j'arrivais à peine à entendre mon piano. À la fin, j'ai dû attendre deux longues heures avant que le bombardement ne perde assez d'intensité pour me permettre de me risquer dehors. De retour à l'appartement, j'ai été accueilli par mes parents, mes sœurs et mon frère comme si je venais de me relever de ma tombe. Ils étaient persuadés que j'avais été tué. Notre bonne était la seule à juger que toute cette inquiétude n'avait pas de sens : « Il avait ses papiers sur lui, n'est-ce pas ? a-t-elle souligné ; s'il était mort, ils auraient vivement su où le transporter. »

Le même jour, à trois heures et quart de l'après-midi, Radio Pologne cessait d'émettre. Ils étaient en train de passer un enregistrement du *Concerto pour piano en do majeur* de Rakhmaninov, dont le deuxième mouvement empreint d'une beauté sereine venait juste de s'achever, lorsqu'une bombe allemande a détruit le transformateur électrique de la station. Dans toute la ville, les postes ont été réduits au silence.

Vers le soir, en dépit des tirs d'artillerie qui faisaient à nouveau rage, j'ai essayé de me remettre à la composition du *Concertino pour piano et orchestre* sur lequel je m'étais efforcé de travailler tant bien que mal durant tout le mois de septembre. La nuit était tombée quand j'ai risqué la tête par la fenêtre. Dans la lueur écarlate des flammes, la rue était déserte, sans autre bruit que les échos de détonation. À gauche, la rue Marszalkowska était en feu, de même que Krolewska et la place Grzybowski derrière nous, ainsi que la rue Sienna droit devant. De lourdes volutes de fumée sanglante pesaient sur les toits. La chaussée et les trottoirs étaient jonchés des tracts blancs que déversaient les Allemands et que personne ne ramassait car on les disait imprégnés d'un poison mortel. Sous un lampadaire du carrefour, deux corps étaient étendus à terre, l'un avec les bras en croix, l'autre recroquevillé sur lui-même, comme plongé dans le sommeil. Devant la porte de notre bâtiment, il y avait le cadavre d'une femme dont la tête et une des jambes avaient été arrachées, un seau renversé à ses pieds. Elle avait été tuée en allant chercher de l'eau au puits, et elle perdait son sang en un long filet sombre qui avait glissé dans le caniveau et disparaissait à travers une grille d'égout.

Un fiacre est apparu. Il avançait lentement dans notre rue, venant de Wielka et se dirigeant vers Zelazna. Comment il avait pu arriver jusque-là demeurait un mystère, de même que le calme affiché par le cocher et son cheval : on aurait cru qu'ils se déplaçaient dans une autre ville, une cité en paix. À l'angle de la rue Sosnowa, le conducteur a tiré sur les rênes, hésitant visiblement à s'y engager ou à continuer tout droit. Après quelques secondes de réflexion, c'est ce dernier choix qu'il a fait et il a lancé sa bête au trot en claquant la langue. Ils avaient avancé d'une dizaine de pas lorsque j'ai entendu un sifflement, puis une déflagration, et l'artère s'est illuminée d'un coup, comme sous l'effet d'un flash d'appareil photographique. Quand mes yeux éblouis se sont réaccoutumés à la pénombre, il n'y avait plus de voiture mais seulement des éclats de bois, des débris de roues et de timon, des lambeaux de capitonnage et les restes déchiquetés de l'homme et du cheval, éparpillés le long des bâtiments. S'il avait pris la rue Sosnowa…

Les terribles journées des 25 et 26 septembre sont arrivées. Dans le grondement incessant des canons, traversé par le sifflement aigu des avions en piqué qui faisait penser à des perceuses électriques en train de perforer du fer, les explosions se succédaient sans relâche. L'air chargé de fumée, de poussière de plâtre et de briques pulvérisées s'inflitrait partout, prenant à la gorge les habitants cloîtrés dans les caves ou dans leurs appartements, aussi loin que possible de la rue.

Je ne sais toujours pas comment j'ai pu survivre à ces moments. Dans la chambre, chez mes amis, quelqu'un assis juste à côté de moi a été tué par un éclat d'obus. J'ai passé deux nuits et un jour avec dix autres personnes, debout dans un minuscule cabinet de toilette. Quelques semaines plus tard, alors que nous n'arrivions pas à y croire et que nous avions tenté de répéter l'expérience, nous avons constaté que nous ne pouvions y entrer qu'à huit, au grand maximum, même en nous serrant à la limite de l'étouffement. La peur panique de la mort expliquait seule cet exploit.

Mercredi 27 septembre, Varsovie capitulait.

Deux jours se sont écoulés encore avant que je n'ose m'aventurer dehors. Je suis revenu effondré, atterré par ce que j'avais vu. La ville n'existait plus. Ou du moins c'est ce que je pensais à cet instant, dans toute ma naïveté…

Nowy Swiat n'était plus qu'un étroit passage se faufilant entre des monceaux de décombres. À chaque carrefour, il fallait contourner des barricades de trams renversés et de pavés empilés. Des cadavres en décomposition s'entassaient partout. Affamés par le blocus, les gens se ruaient sur les chevaux morts, au milieu des ruines encore fumantes.

Aleje Jerozolimskie (allées de Jérusalem), j'ai aperçu une motocyclette arriver du pont sur la Vistule. Deux soldats vêtus d'uniformes verts et de casques en acier que je ne reconnaissais pas étaient juchés dessus. Ils avaient tous deux des yeux d'un bleu très pâle dans des visages massifs, impassibles. Après s'être rangés le long du trottoir, ils ont hélé un garçon qui passait par là et qui s'est approché d'un pas hésitant. « Marchallstrasse ! Marchallstrasse ! » Ils ont continué à répéter ce seul mot. Le nom de la rue Marszalkowska en allemand. Le garçon s'était figé sur place, bouche bée, incapable de former un son. Les soldats ont fini par perdre patience. « Oh ! et puis au diable ! » s'est exclamé le conducteur avec un geste exaspéré. Il a remis les gaz et la moto s'est éloignée en vrombissant.

Ce sont les premiers soldats allemands que j'ai vus dans ma ville.

Quelques jours plus tard, les murs de Varsovie se sont couverts d'une proclamation signée du commandement nazi. Rédigée en allemand et en polonais, elle promettait à la population le retour à une existence normale sous la protection du Reich. Un paragraphe était spécialement consacré aux Juifs, leur garantissant tous leurs droits et l'inviolabilité de leurs biens, ainsi que leur complète sécurité personnelle.

3

Mon père fait des courbettes

Nous sommes retournés rue Sliska. Contre toute attente, l'appartement était intact, hormis les vitres, bien entendu. Les portes étaient restées closes et même les plus fragiles bibelots étaient demeurés à leur place. Dans le quartier, nombre de maisons avaient connu le même sort, des dégâts relativement mineurs. Au fil des jours, en commençant à renouer contact avec nos connaissances, nous nous sommes rendu compte que malgré les destructions endurées le cœur de la ville battait encore, qu'elle avait été moins atteinte que nous ne l'avions d'abord cru en nous risquant dans ces vastes champs de décombres d'où la fumée s'élevait toujours.

Le même constat s'appliquait aux habitants. Initialement, le chiffre de cent mille morts avait couru, soit dix pour cent de la population de Varsovie, ce qui avait provoqué la consternation générale. Le temps passant, nous avons appris qu'il fallait déplorer environ vingt mille victimes.

Parmi elles, des amis que nous avions vus quelques jours plus tôt gisaient désormais sous les ruines ou avaient été déchiquetés par les bombes. Deux collègues de ma sœur Regina avaient péri dans l'effondrement d'un immeuble de la rue Koszykova. Pour passer devant, on était obligé de presser un mouchoir contre ses narines à cause de l'odeur pestilentielle dégagée par les cadavres prisonniers de la cave qui se glissait par les soupirails, s'infiltrait partout, infestant l'air alentour. Rue Mazowiecka, c'était l'un de mes confrères qui avait été tué : il avait fallu retrouver sa tête pour déduire que les débris sanguinolents dispersés là étaient tout ce qui restait d'un violoniste de talent.

Aussi épouvantables eussent-elles été, ces informations ne pouvaient entamer le plaisir tout animal que nous éprouvions à être toujours en vie et à savoir que ceux qui avaient échappé à la mort ne couraient plus de danger immédiat. Certes, notre subconscient imposait un voile de honte sur cette sensation viscérale, mais dans cet univers inconnu où tout ce que nous avions jadis cru immuable avait été détruit en l'espace d'un mois, les choses de la vie les plus simples, les détails les plus prosaïques, tout ce que nous remarquions à peine auparavant, avaient désormais une profonde résonance : le confort rassurant d'un lourd fauteuil, la vue apaisante d'un poêle en faïence blanche, les craquements du parquet devenaient un douillet prélude à l'harmonie du foyer familial.

Père a été le premier à reprendre la pratique de la musique. Il réussissait à s'abstraire de la réalité en jouant du violon pendant des heures, et si d'aventure on venait l'interrompre avec quelque mauvaise nouvelle il écoutait en fronçant les sourcils, ses traits s'altéraient un instant puis reprenaient une expression dégagée et il calait à nouveau son instrument sous son menton en répliquant chaque fois : « Ah ! peu importe… Dans un mois, les Alliés seront là, c'est certain. » Cette réponse immuable à toutes les incertitudes et difficultés de la période était pour lui une manière de refermer la porte qui protégeait son monde personnel, celui de la musique. Là où il était le plus heureux.

Hélas, dès que les gens autour de nous, après s'être procuré des générateurs, ont été en mesure de réécouter les radios internationales le tableau de la situation qui a commencé à circuler ne confirmait en rien l'optimisme de Père. Tout ce en quoi nous avions cru se révélait infondé : les Français n'avaient aucunement l'intention de forcer la ligne Siegfried, pas plus que les Anglais de bombarder Hambourg et *a fortiori* de débarquer sur les côtes allemandes…

Les nazis, par contre, s'étaient entre-temps lancés dans leurs rafles raciales à Varsovie. Elles avaient débuté dans la confusion, avec une maladresse qui laissait presque penser que leurs auteurs avaient honte de ces nouvelles techniques d'humiliation et de dégradation de leur prochain, ou du moins qu'ils manquaient encore de pratique en ce domaine.

Des voitures banalisées sillonnaient les rues, venant soudain se garer le long du trottoir dès qu'un Juif était en vue. Une portière s'ouvrait alors, une main surgissait dehors, l'index recourbé : « Toi, viens ! » À l'issue de ces enlèvements sommaires, leurs victimes faisaient le récit de ces premiers exemples de brutalités, qui se limitaient encore à des gifles, des horions, parfois des tabassages en règle. Mais en raison même de leur nouveauté ceux qui avaient subi ces traitements en étaient particulièrement révoltés, une claque reçue d'un Allemand étant jugée déshonorante : ils allaient mettre du temps à comprendre que ces gestes de violence n'avaient pas plus de signification morale que la ruade ou le coup de patte d'un animal.

À ce stade, le ressentiment envers le gouvernement et le commandement militaire polonais, qui avaient l'un et l'autre préféré s'enfuir en abandonnant le pays à son sort, était en général plus vivace que la haine des Allemands. Nous nous rappelions tous avec amertume les mots de ce maréchal jurant qu'il ne laisserait pas un seul bouton de son uniforme à l'ennemi, promesse qu'il avait tenue, certes, mais uniquement parce qu'ils étaient restés cousus à sa veste quand il était parti se mettre à l'abri à l'étranger. On pouvait même entendre communément l'opinion selon laquelle notre situation pourrait s'améliorer puisque les Allemands étaient susceptibles de remettre de l'ordre dans ce chaos qu'était devenue la Pologne.

Après avoir remporté la phase militaire du conflit, les occupants ont cependant rapidement accumulé les déroutes politiques. La première exécution arbitraire de cent Varsoviens innocents, en décembre 1939, allait marquer un tournant décisif : en l'espace de quelques heures, un mur de haine s'était édifié entre Allemands et Polonais, qu'aucune des parties ne serait désormais en mesure de franchir, quand bien même les nazis allaient risquer quelques tentatives dans ce sens au cours des années suivantes.

Les premiers décrets promettant la peine capitale aux récalcitrants ont commencé à être placardés sur les murs. Le plus important, qui concernait le commerce du pain, stipulait que toute personne surprise en train d'acheter ou de vendre cette denrée de base à un prix supérieur à ceux pratiqués avant guerre serait abattue sur-le-champ. Cette menace nous avait tellement traumatisés, à la maison, que nous avions renoncé à manger du pain pendant des jours et des jours, préférant nous rabattre sur les pommes de terre et autres féculents. Et puis Henryk avait découvert qu'il y en avait toujours en vente et que ceux qui en achetaient n'étaient pas obligatoirement foudroyés sur place, de sorte que nous avions repris nos habitudes alimentaires ! Pendant les cinq ans qu'a duré l'occupation, il n'a jamais été révoqué, ce décret, et puisque tout le monde continuait à consommer quotidiennement du pain des millions de condamnations à mort auraient dû être ordonnées pour ce seul motif à travers le territoire polonais sous contrôle allemand... Mais il nous a fallu longtemps pour nous apercevoir que toutes ces proclamations n'avaient aucun poids, et que les véritables dangers fondaient sur nous sans le moindre préavis, comme un coup de tonnerre dans un ciel d'été, sans être précédés d'aucun de ces avertissements ou de ces règlements fantaisistes.

Les « lois » ne s'appliquant qu'à la population juive ont bientôt fait leur apparition. Ainsi, il a été édicté qu'une famille juive n'avait pas le droit de détenir plus de deux mille zlotys chez soi, toutes ses autres économies ainsi que ses objets de valeur devant être déposés en banque, sur des comptes bloqués. Parallèlement, les Juifs étaient enjoints de remettre leurs biens immobiliers aux Allemands. Bien entendu, pratiquement personne n'a été assez naïf pour abandonner de plein gré ses possessions à l'ennemi. Comme tous les autres, nous avons ainsi résolu de dissimuler nos modestes richesses, qui se limitaient à la chaîne et à la montre en or de mon père, ainsi qu'à cinq mille zlotys.

Le choix de la meilleure cachette a donné lieu à un débat houleux entre nous. Père défendait des méthodes déjà éprouvées avec succès au cours de la guerre précédente : évider un pied de la table de la salle à manger, par exemple.

« Et supposons qu'ils l'emportent avec eux ? a rétorqué Henryk d'un ton sarcastique.

— Sottises ! s'est-il exclamé, contrarié par la remarque. Qui en voudrait, de cette table ? »

Il a contemplé un moment d'un œil critique le plateau de noyer dont l'éclat était terni çà et là par des traces de verres renversés et dont le vernis s'effritait peu à peu à un endroit. Puis, résolu à la priver de toute valeur marchande, il s'est penché dessus, a glissé un ongle sous l'une des craquelures et l'a fait sauter, mettant ainsi à nu le bois.

« Mais qu'est-ce qui te prend, enfin ? » s'est indignée Mère.

Henryk, lui, préconisait une tactique d'un grand raffinement psychologique. Il a expliqué qu'il fallait laisser la montre et les billets bien en évidence : occupés à fouiller les recoins les plus improbables, les Allemands ne les remarqueraient même pas. Finalement, nous sommes parvenus à un compromis. La montre a été dissimulée sous la commode, la chaîne dans le manche du violon paternel, et l'argent dans la feuillure de la fenêtre.

Bien qu'alarmés par la sévérité de ces nouvelles réglementations, les gens ne perdaient pas courage : ils se confortaient dans l'idée que les Allemands pouvaient céder Varsovie à la Russie soviétique d'un moment à l'autre, et que des zones qu'ils occupaient uniquement pour préserver les apparences reviendraient à la souveraineté polonaise dès que possible. Aucune ligne de démarcation n'ayant encore été établie le long de la

Vistule, ceux qui arrivaient en ville de l'une ou l'autre des rives certifiaient qu'ils avaient vu de leurs propres yeux des troupes russes qui à Jablonna, qui à Garwolin… Mais ces « témoins » étaient aussitôt suivis par d'autres qui soutenaient d'un ton aussi catégorique avoir assisté à la retraite des Russes de Vilna et de Lvov, toutes deux passées instantanément sous contrôle nazi. Dans ces conditions, comment savoir à qui accorder du crédit ?

Bien des Juifs, cependant, ont décidé de ne pas attendre l'entrée de l'armée Rouge dans Varsovie, préférant liquider leurs biens et s'en aller à l'est, la seule direction dans laquelle ils pouvaient encore échapper aux Allemands. Presque tous mes amis musiciens avaient choisi cette solution et me pressaient de partir avec eux, mais ma famille a choisi de rester sur place.

L'un de ces collègues est réapparu deux jours après son départ couvert de bleus, indigné, sans son sac à dos ni un zloty en poche. Aux abords de la frontière, il avait vu cinq Juifs pendus par les mains à des arbres, à moitié nus, et fouettés sans pitié. Et il avait assisté à la mort du Dr Haskielewicz, qui avait eu le malheur d'annoncer aux soldats allemands en faction qu'il entendait se rendre sur l'autre rive : pistolet au poing, ceux-ci l'avaient contraint à entrer dans l'eau et à marcher droit devant lui jusqu'à ce qu'il perde pied et se noie. Mon ami avait simplement été dévalisé et battu avant d'être renvoyé là d'où il venait. Même s'ils ont subi le même traitement, pourtant, un grand nombre de Juifs ont réussi à passer du côté soviétique.

Ce malheureux nous a inspiré de la pitié, bien entendu, mais son infortune nous a aussi renforcés dans nos certitudes : c'était nous qui avions raison, et s'il avait suivi notre conseil il n'aurait pas mené cette déplorable tentative. Notre décision de rester ne s'appuyait d'ailleurs sur aucun raisonnement logique – nous aimions Varsovie, voilà tout, ce que nous aurions été aussi incapables d'expliquer rationnellement...

Quand j'écris « notre » décision, j'inclus tous mes êtres chers à l'exception de Père. S'il est resté, lui, c'est surtout parce qu'il ne voulait pas trop s'éloigner de Sosnowiec, sa ville natale. Varsovie ne lui avait jamais plu, et à mesure que nos conditions de vie y empiraient il vouait une nostalgie grandissante à un Sosnowiec fortement idéalisé, le seul endroit au monde où il faisait bon vivre, où tout le monde avait le sens de la musique et savait reconnaître un bon violoniste, et même où vous pouviez trouver un verre de bière digne de ce nom, au lieu de l'eau de vaisselle imbuvable qu'ils vous proposaient sous ce nom dans la capitale... Chaque soir, après dîner, mon père croisait les mains sur son ventre, se radossait à sa chaise d'un air rêveur, fermait les yeux et nous infligeait la litanie de ses évocations extasiées, le tableau d'un Sosnowiec qui n'existait que dans son imagination attendrie.

En ces derniers jours d'automne, alors que deux mois ne s'étaient pas encore écoulés depuis l'arrivée des Allemands, l'existence à Varsovie a néanmoins repris son cours normal, et ce avec une soudaineté aussi spectaculaire qu'inexplicable. Ce revirement, avec toutes ses conséquences pratiques et son apparente facilité, était une nouvelle surprise dans cette guerre déjà des plus étonnantes, où jusqu'ici rien ne s'était déroulé comme nous l'avions prévu. Une cité immense, capitale d'un pays de plusieurs millions d'âmes, à moitié détruite, livrée à une armée de fonctionnaires soudain privés d'emploi et aux vagues incessantes de réfugiés venus de

Silésie, de la région de Poznan ou de Poméranie, connaissait une résurrection inattendue. Pourquoi ? Mais parce que tous ces gens sans un toit sur la tête, sans travail et sans rien d'autre qu'un avenir accablant devant eux, avaient brusquement découvert qu'ils pouvaient se faire beaucoup d'argent avec une grande facilité, en circonvenant les occupants allemands. Plus ces derniers promulguaient des décrets interdisant ceci ou rationnant cela, plus les opportunités de s'enrichir se multipliaient.

Et ainsi Varsovie a commencé à vivre deux vies distinctes bien que parallèles : la première, officielle, régie par un ordre fictif qui contraignait les gens au travail forcé de l'aube au crépuscule avec le ventre vide, et une autre, clandestine, où des fortunes amassées comme par miracle se construisaient sur le trafic des dollars, des diamants, de la farine, du cuir ou même des faux papiers, une existence sous la menace constante de la peine capitale, certes, mais joyeusement dilapidée dans les restaurants de luxe où l'on se faisait conduire en pousse-pousse.

Tout le monde n'avait pas accès à cet univers enchanté, bien entendu. Chaque soir, ainsi, je passais en rentrant à la maison devant une femme qui ne quittait pas son encoignure de la rue Sienna. Elle chantait de tristes ballades russes en s'accompagnant à l'accordéon et ne tendait la main qu'une fois la nuit venue, sans doute par crainte d'être vue en train de mendier par des passants qui pouvaient la connaître. Elle était vêtue d'un tailleur gris qui devait certainement constituer son unique tenue, désormais, mais dont l'élégance prouvait qu'elle avait connu des temps meilleurs. Son beau visage paraissait inanimé dans la pénombre, ses yeux toujours fixés sur le même point, quelque part au-dessus des têtes.

Elle avait une voix harmonieuse, vibrante, jouait bien de son instrument. Tout son maintien et la façon dont elle s'adossait au mur révélaient sa condition de dame de la bonne société que seuls les aléas de la guerre avaient obligée à demander ainsi la charité. Mais elle ne s'en tirait pas mal, au contraire : il y avait toujours un bon tas de pièces dans le tambourin décoré de rubans qui devait représenter pour elle le symbole même de la condition de mendiante, et qu'elle installait à ses pieds, en évidence, afin que nul ne puisse ignorer qu'elle était en train de quémander. Quelques billets de cinq zlotys s'y accumulaient, également.

Moi-même je ne me risquais dehors que le soir tombé, sauf en cas d'urgence, mais c'était pour de tout autres raisons. Des multiples règlements vexatoires imposés aux Juifs, l'un d'eux, bien que non écrit, devait être observé avec une particulière vigilance : les hommes d'origine juive avaient obligation de s'incliner devant le moindre soldat allemand qu'ils croisaient dans la rue. Cette contrainte aussi stupide qu'humiliante nous mettait en rage, mon frère Henryk et moi, et nous nous efforcions d'y échapper autant que possible, nous résignant à de longs détours dans le seul but de ne pas tomber sur un Allemand. Et quand la rencontre était inévitable nous détournions les yeux, feignant de ne pas l'avoir vu, même si nous risquions d'être roués de coups pour cela.

Sur ce plan, mon père avait une réaction diamétralement opposée : choisissant les plus longues artères sur son chemin, il multipliait les courbettes devant les Allemands avec une grâce ironique que l'on ne pourrait décrire, au comble de la joie quand l'un des soldats, abusé par son expression amène, le saluait poliment en retour et le gratifiait d'un sourire amical. Sitôt rentré chez nous, il ne pouvait s'empêcher de remarquer d'un air dégagé que le cercle de ses connaissances ne cessait de s'élargir, la preuve, il lui suffisait de mettre un pied dans la rue pour en rencontrer des douzaines ! Il les trouvait irrésistibles d'urbanité, nous confiait-il, de sorte qu'il finissait par avoir le bras raide à force de soulever son chapeau si souvent et si poliment. À ces derniers mots, un sourire sarcastique apparaissait sur ses lèvres et il se frottait les mains de satisfaction.

Il ne fallait pas prendre la méchanceté des Allemands à la légère, toutefois. Elle était partie intrinsèque d'un système conçu pour nous maintenir dans un état permanent d'inquiétude, de crainte du lendemain. Tous les deux ou trois jours, de nouveaux décrets étaient publiés, anodins en apparence mais qui avaient pour but de nous montrer que les Allemands ne nous avaient pas oubliés, loin de là, et qu'ils n'avaient aucune intention de le faire.

Bientôt, l'accès des trains a été interdit aux Juifs. Un peu plus tard, nous avons dû acheter des tickets de tram facturés quatre fois plus cher que ceux réservés aux « Aryens ». Les premières rumeurs concernant la construction d'un ghetto se sont mises à circuler, avec une insistance qui nous a empli le cœur de désespoir pendant deux jours consécutifs. Et puis elles se sont dissipées.

4

« Vous êtes juifs ? »

C'est vers la fin novembre, lorsque les belles journées de cet automne exceptionnellement long sont devenues de plus en plus rares, des averses glaciales commençant à balayer fréquemment la ville, que Père, Henryk et moi avons eu un premier aperçu de la manière dont les Allemands aimaient jouer avec la mort.

Ce soir-là, nous étions tous les trois en visite chez un ami et la conversation n'avait pas tari jusqu'à ce qu'un coup d'œil à ma montre m'apprenne que l'heure du couvre-feu était toute proche. J'ai calculé avec effroi que même en partant sur-le-champ il nous serait impossible d'être chez nous avant le délai fatidique. Mais enfin le transgresser d'un quart d'heure n'était pas alors considéré comme un crime majeur, si bien que nous pouvions garder l'espoir de nous en sortir à bon compte

Nous avons repris nos manteaux et nous avons rapidement pris congé de nos hôtes. Dans les rues obscures, déjà désertes, les rafales de pluie nous fouettaient le visage tandis que la bourrasque malmenait les enseignes, répercutant leur tintement métallique dans le silence. Le col relevé, nous nous sommes efforcés de marcher aussi

vite et discrètement que possible, en longeant les
façades. Nous étions arrivés à la moitié de la rue Zielna,
plus très loin de notre destination, lorsqu'une patrouille
de police surgie brusquement d'une allée nous a fait
comprendre que notre soulagement avait été préma-
turé. Il n'était plus temps de reculer, ni de tenter de nous
cacher. Alors nous sommes restés là, dans la lumière
aveuglante de leurs torches, chacun d'entre nous se creu-
sant le cerveau à la recherche d'une excuse. Au bout de
quelques secondes, l'un des policiers est venu droit à
nous, braquant le faisceau lumineux dans nos yeux.

« Vous êtes juifs ? » Le point d'interrogation était
seulement rhétorique puisqu'il n'a pas attendu notre
réponse pour ajouter : « Oui, donc... » Il y avait une
nuance de triomphe dans cette proclamation de notre
appartenance raciale, la satisfaction très nette d'avoir
débusqué pareil gibier. Avant de comprendre ce qui
nous arrivait, nous nous sommes retrouvés les mains en
l'air, plaqués contre le mur, tandis que les policiers se
déployaient sur la chaussée derrière nous tout en déver-
rouillant le cran de sûreté de leur fusil. Alors c'était de
cette manière que nous allions mourir... D'un instant à
l'autre, oui, et ensuite nous allions rester jusqu'au lendemain à baigner dans notre sang sur le trottoir, le crâne
explosé. Ce serait seulement au matin que ma mère et
mes sœurs apprendraient notre sort et se précipiteraient
à notre recherche, et les amis chez qui nous nous étions
attardés se reprocheraient de ne pas avoir mieux veillé
à notre salut... Toutes ces pensées défilaient dans mon
esprit avec un étrange détachement, comme si c'était un
autre que moi qui les avait conçues. J'ai entendu
quelqu'un dire tout haut : « C'est la fin ! », et il m'a fallu
un moment pour me rendre compte que ces mots

47

venaient de sortir de ma propre bouche. Et là, j'ai eu conscience d'autres bruits : des sanglots convulsifs, accompagnés de gémissements. Tournant la tête, j'ai découvert mon père agenouillé sur le macadam trempé, en larmes, qui suppliait les policiers de nous épargner. Comment pouvait-il s'avilir à ce point ? Penché sur lui, Henryk murmurait des exhortations en tentant de le remettre debout. Mon frère, si réservé d'habitude, avec son éternel rictus sardonique, avait à ce moment une expression d'une tendresse et d'une douceur extraordi-naires, que je ne lui avais encore jamais vue. Il devait donc exister un « autre » Henryk, que j'aurais pu comprendre si seulement j'avais pris la peine de le connaître au lieu de toujours être en contradiction avec lui.

J'ai repris ma position devant le mur. La situation s'était figée : Père continuait à sangloter, Henryk à essayer de le calmer et les policiers à nous menacer de leurs armes. Nos yeux ne pouvaient rien distinguer au-delà du mur de lumière éblouissante que faisaient leurs torches. Soudain, en l'espace d'une fraction de seconde, j'ai eu l'intuition, la conviction que la mort avait cessé son approche. Une voix s'est élevée derrière le rempart lumineux :

« Qu'est-ce que vous faites, dans la vie ? »

Henryk a répondu pour nous trois. Il manifestait un incroyable sang-froid, sa voix restant aussi calme que s'il ne s'était rien passé.

« Nous sommes musiciens. »

L'un des policiers s'est approché de moi, m'a attrapé par le collet et m'a secoué dans un dernier accès de rage, sans raison discernable puisqu'il avait finalement décidé de nous laisser la vie sauve.

« Vous avez de la chance que je le sois moi aussi, musicien ! Il m'a renvoyé contre le mur d'une bourrade. Allez, déguerpissez ! »

Nous sommes partis en courant dans les ténèbres, anxieux d'échapper aux rayons des torches avant qu'ils ne changent d'avis, peut-être. Nous entendions leurs voix s'estomper peu à peu derrière nous. Une violente polémique avait éclaté entre eux, apparemment, les deux autres blâmant le troisième de nous avoir épargnés. Ils estimaient que nous ne méritions pas la moindre sympathie, puisque nous étions les responsables d'une guerre dans laquelle des Allemands étaient en train de mourir.

Pour l'heure, cependant, ces Allemands prospéraient bien plus qu'ils ne mouraient. De plus en plus souvent, des meutes de nazis s'abattaient sur les habitations juives, les pillaient et emportaient leur butin par camions entiers. Désespérés, les pères de famille vendaient à la hâte leurs plus beaux meubles et les remplaçaient par des pièces sans valeur, qui n'exciteraient pas la convoitise allemande. Si nous en avons fait de même, chez nous, c'était plus sous l'emprise du besoin que dans la crainte d'être spoliés : personne d'entre nous n'ayant la bosse des affaires, l'état de nos finances empirait chaque jour. Regina s'était forcée à marchander, mais en vain. Alors que sa formation d'avocate lui donnait un sens aigu de l'honnêteté et des responsabilités, elle était par nature incapable de demander ou d'accepter le double du prix réel de tel ou tel objet. Elle a vite préféré chercher une activité d'enseignement, de même que Père, Mère et Halina donnaient déjà des cours particuliers de musique et Henryk d'anglais. J'étais le seul à n'avoir pu trouver un moyen de gagner mon pain, à cette époque. En proie à une apathie écrasante, le seul travail auquel je me contraignais, et irrégulièrement encore, était l'orchestration de mon concertino.

Au cours de la seconde moitié de novembre, sans aucune explication préalable, les Allemands ont entrepris de condamner avec des fils barbelés les rues débouchant au nord de la rue Marszalkowska. Et puis, à la fin du mois, ils ont publié un communiqué auquel personne n'a été en mesure de croire tout d'abord, tant il dépassait ce que nous avions pu redouter dans nos appréhensions les plus secrètes. Les Juifs avaient jusqu'au 5 décembre pour se munir de brassards blancs sur lesquels une étoile de David devait être cousue en fil bleu. Notre statut de parias devait donc être proclamé aux yeux de tous. Plusieurs siècles de progrès allaient être effacés d'un seul coup : nous étions replongés en plein Moyen Âge.

Pendant des semaines, l'intelligentsia s'est volontairement imposé une assignation à résidence plutôt que de sortir avec ce signe infamant au bras. Et quand nous étions absolument obligés de quitter notre domicile nous marchions en essayant de nous fondre dans le paysage, les yeux au sol, accablés de honte et de peur.

Sans s'annoncer, l'hiver a pris la ville dans sa main la plus cruelle, le froid paraissant vouloir s'allier aux Allemands pour décimer ses habitants. Il gelait sans discontinuer et les températures ont continué à baisser jusqu'à un point qu'aucun Polonais ne gardait en mémoire. Le charbon, pratiquement introuvable, atteignait des prix mirobolants. Je me rappelle encore que nous restions parfois des jours entiers au lit, incapables de nous aventurer dans l'appartement glacial.

C'est au pire moment de cette vague de froid que des

centaines de Juifs déportés de l'ouest du pays ont commencé à arriver dans Varsovie. En fait, ils n'étaient qu'une minorité à y parvenir vivants. Entassés dans des wagons à bestiaux aux portes condamnées, ils restaient sans nourriture, ni boisson, ni couvertures pendant les jours entiers que ces terribles convois mettaient souvent pour atteindre la capitale. Lorsqu'ils étaient enfin libérés de ces tombes roulantes, il n'était pas rare que plus de la moitié d'entre eux aient succombé. Les survivants, atteints de cruelles engelures, se tenaient au milieu des cadavres raidis par le froid et encore debout, qui ne s'effondraient qu'une fois le wagon évacué.

Du point de vue des Juifs, la situation ne pouvait pas être pire. Mais ce n'était pas celui des Allemands : fidèles à leur système d'oppression graduelle, ils ont imposé de nouveaux décrets répressifs en janvier et février 1940. Le premier stipulait que les Juifs devraient accomplir deux années de travail forcé dans des camps où une « rééducation sociale appropriée » leur serait dispensée afin de ne plus être des « parasites proliférant sur l'organisme vigoureux des Aryens ». Cette mesure concernait tous les hommes âgées de douze à soixante ans, et les femmes de quatorze à quarante-cinq. Le deuxième définissait les méthodes d'enregistrement et de déportation prévues à cet effet. Les Allemands avaient préféré s'épargner ce souci, confiant cette tâche au Conseil juif en charge de l'administration communautaire. En clair, nous devions programmer nous-mêmes notre extermination, préparer notre ruine de nos propres mains. C'était une forme de suicide collectif légalement codifié. Le début des opérations de convoyage était prévu pour le printemps.

Le Conseil a décidé d'épargner la majeure partie de

l'élite intellectuelle. À raison de mille zlotys par tête, il se chargeait d'envoyer un prolétaire juif à la place des personnes théoriquement enregistrées. Évidemment, cet argent ne finissait pas toujours dans la poche des malheureux supplétifs, loin de là : il fallait que les fonctionnaires du Conseil vivent, eux aussi. Et ils vivaient fort bien, ma foi, ne manquant jamais de vodka ni de quelques friandises à côté.

Au printemps, pourtant, les convois ne sont pas partis. Une fois encore, il est apparu que les décrets allemands restaient surtout des proclamations sur le papier. En réalité, les relations entre Juifs et Allemands se sont même détendues pendant quelques mois, et cette accalmie a paru de plus en plus crédible au fur et à mesure que l'attention des deux parties était accaparée par les nouvelles du front.

Le retour de la belle saison se confirmant, il devenait évident que les Alliés, après avoir consacré l'hiver aux préparatifs adéquats, se disposaient à attaquer simultanément l'Allemagne depuis la France, la Belgique et la Hollande. Ils allaient percer la ligne Siegfried, s'emparer de la Sarre, de la Bavière, de l'Allemagne du Nord, conquérir Berlin et enfin libérer Varsovie pendant l'été, au plus tard. La ville entière bruissait d'une joyeuse excitation. Nous attendions tous le début de l'offensive de même qu'on compte les heures qui séparent d'une fête. Pendant ce temps, les Allemands avaient envahi le Danemark, certes, mais de l'avis de nos experts politiques locaux cela n'avait aucune importance – leurs troupes allaient tout simplement être coupées de leurs arrières, là-bas.

Le 10 mai, l'offensive a enfin été lancée. Mais elle était allemande. La Hollande et la Belgique sont tombées aussitôt, les Allemands sont entrés en France… Raison de plus pour garder l'espoir ! C'était le scénario de 1914 qui se répétait, et d'ailleurs les Français n'avaient-ils pas les mêmes hommes que lors de la Grande Guerre à la tête de leurs armées ? Pétain, Weygand… Excellents stratèges, formés à l'école de Foch. On pouvait leur faire confiance. Ils allaient se défendre face aux Allemands aussi bien que vingt-sept ans plus tôt.

Le 20 mai, un de mes collègues, un violoniste, est arrivé chez nous après le déjeuner. Nous nous disposions à jouer une sonate de Beethoven que nous n'avions pas exécutée ensemble depuis longtemps, ce qui nous procurait à l'avance un grand plaisir. D'autres amis étaient là aussi, et Mère, désireuse de me rendre le moment encore plus agréable, avait réussi à trouver du café. C'était une belle journée ensoleillée. Nous étions tous d'excellente humeur, savourant le café et les délicieux gâteaux qu'elle avait préparés. Nous savions tous que les Allemands étaient aux portes de Paris mais personne ne s'en inquiétait vraiment – la Marne était là, après tout, cette ligne de défense immuable sur laquelle tous les mouvements viennent s'immobiliser, tout comme dans le point d'orgue de la deuxième partie du scherzo en *si* mineur de Chopin, lorsque la vague tempétueuse des croches finit par mourir sur l'accord final… À ce point, les Allemands reflueraient vers leur frontière aussi rapidement qu'ils avaient avancé, annonçant la fin du conflit et la victoire des Alliés.

Après le café, nous nous sommes disposés à jouer. Je me suis installé au piano, entouré par des connaisseurs, tout un auditoire capable de goûter le ravissement que j'avais l'intention de faire naître en eux-mêmes comme en moi. Le violoniste est venu se placer à ma droite. À ma gauche s'est assise une charmante jeune fille, une amie de Regina qui se disposait à tourner les pages de la partition pour moi. Qu'aurais-je pu souhaiter de plus pour atteindre au complet bonheur, à ce moment ? Nous n'attendions plus que ma sœur Halina, qui était descendue au magasin passer un appel téléphonique. Quand elle est revenue, elle tenait un journal entre ses mains. Une édition spéciale, dont la une était barrée de deux mots en énormes caractères, sans doute les plus gros qu'ils aient eus à l'imprimerie : « PARIS EST TOMBÉ ! »

J'ai posé mon front sur le clavier et, pour la première fois depuis le début de cette guerre, j'ai fondu en larmes.

Enivrés par leur triomphe, les Allemands avaient maintenant le temps de reprendre souffle et de se souvenir de nous. Encore qu'il serait faux de dire qu'ils nous avaient complètement oubliés pendant que la bataille faisait rage sur le front occidental. Le pillage des biens juifs, le déplacement systématique des communautés juives de province, les déportations vers les chantiers de travail forcé en Allemagne n'avaient jamais cessé. Simplement, nous avions fini par nous y habituer. Et maintenant il fallait s'attendre au pire…

En septembre, les premiers convois en direction des camps de travail de Belzec et de Hrubieszow se sont ébranlés. Là-bas, la « rééducation sociale appropriée » consistait pour les Juifs à passer leurs journées avec de l'eau jusqu'à la taille pour mettre en place de nouveaux systèmes de drainage, avec cent grammes de pain et une assiette de brouet le soir. Contrairement à ce qui avait été annoncé, ils n'en avaient pas pour deux ans mais « seulement » trois mois, de quoi les vider de leurs forces et finir tuberculeux bien souvent.

Les hommes qui restaient encore à Varsovie devaient

se présenter au service du travail obligatoire. Ils étaient astreints à six jours de labeur physique par mois. Quant à moi, j'essayais de m'y dérober par tous les moyens car je craignais pour mes doigts : il suffisait d'un surmenage musculaire, d'une inflammation des jointures ou même d'un mauvais coup sur les phalanges et ma carrière de pianiste serait ruinée. Henryk, lui, voyait les choses très différemment. Il considérait qu'un individu engagé dans la création intellectuelle devait s'adonner également aux activités physiques afin de mieux mesurer ses ressources, et il accomplissait donc son quota de travail même si cela venait l'interrompre dans ses études.

Deux nouveaux développements sont alors venus affecter le moral collectif. Tout d'abord, les Allemands ont entrepris leur offensive aérienne sur l'Angleterre ; ensuite, des panneaux sont apparus à l'entrée des rues qui allaient marquer par la suite les limites du ghetto juif, annonçant aux passants que ces artères étaient contaminées par le typhus et devaient donc être évitées. Un peu plus tard, l'unique quotidien en langue polonaise publié par les Allemands à Varsovie allait dispenser le commentaire officiel à ce sujet. Non contents d'être des parasites sociaux, les Juifs étaient aussi des agents de contamination. Mais ils n'allaient pas être enfermés dans un ghetto, non, précisait l'article ; ce terme lui-même ne devait pas être utilisé, les Allemands constituant une race bien trop cultivée et généreuse pour confiner les Juifs, aussi parasitaires et néfastes fussent-ils, dans un espace dont l'idée remontait au Moyen Âge et qui n'avait donc plus sa place au sein de l'« ordre nouveau » européen. Par contre, un quartier séparé allait être défini dans la ville, réservé aux Juifs, où ils bénéficieraient d'une liberté totale et pourraient continuer à pratiquer les coutumes de leur race. Et si cette zone devait être entourée d'un mur, c'était uniquement par précaution hygiénique, afin d'empêcher le typhus et d'autres « maladies juives » de se répandre dans le reste de la cité. Cette charitable mise au point était accompagnée d'une petite carte qui reproduisait les frontières précises du futur ghetto.

Nous avions au moins une consolation : notre rue se trouvant déjà dans la zone définie par les Allemands, nous n'avions pas à déménager. Les Juifs qui habitaient dans d'autres secteurs, par contre, étaient en mauvaise posture – ils devaient débourser des sommes exorbitantes en pas-de-porte et partir à la recherche d'un nouveau toit alors que le mois d'octobre était déjà entamé. Les plus chanceux ont pris les chambres encore disponibles rue Sienna, qui allait devenir les Champs-Élysées du ghetto, ou dans les proches environs. Les autres ont dû se contenter de tanières insalubres du côté des rues Gesia, Smocza et Zamenhof, faubourgs réservés au prolétariat juif depuis la nuit des temps.

C'est le 15 novembre que les portes du ghetto se sont refermées sur nous. Ce soir-là, j'avais un rendez-vous tout au bout de la rue Sienna, presque à la hauteur de Zelazna. Il bruinait mais le temps restait inhabituellement clément pour la saison. Des silhouettes portant leur brassard blanc s'agitaient dans la pénombre. On aurait dit des animaux qui se retrouvent soudain en cage et qui errent en tous sens, ne s'étant pas encore habitués à leur captivité. Les femmes se lamentaient, les enfants criaient de peur, perchés sur des tas de draps et de couvertures qui s'imprégnaient de pluie et de la saleté du trottoir. C'étaient des familles juives qui avaient été conduites de force dans le ghetto à la dernière minute et qui se retrouvaient là, sans abri. Un demi-million de personnes étaient soudain à la recherche d'un toit dans une partie déjà surpeuplée de la capitale, qui pouvait accueillir difficilement plus de cent mille habitants.

Au bout de la rue obscure, j'ai aperçu une palissade en bois toute neuve dans la lumière des projecteurs : c'était la porte du ghetto. Derrière elle vivaient des êtres libres de leurs mouvements, qui disposaient chacun d'un espace décent. Ils résidaient à Varsovie, eux aussi. Mais désormais plus un Juif ne serait autorisé à passer par là.

À un moment, j'ai senti qu'on m'attrapait par la main. C'était un ami de mon père, musicien lui aussi et qui avait le même caractère enjoué.

« Alors, que penses-tu de ça, hein ? m'a-t-il demandé avec un petit rire nerveux, englobant d'un même mouvement circulaire du bras les groupes de réfugiés, les façades sales et trempées de pluie, les murs du ghetto et la porte que j'avais contemplée de loin.

— Ce que j'en pense ? Qu'ils veulent notre mort à tous... »

Mais le vieux monsieur n'était pas de cet avis, ou préférait ne pas l'être. Avec un nouveau gloussement, quelque peu forcé, il m'a tapoté le dos en s'écriant :

« Ah ! pas d'inquiétude, voyons, pas d'inquiétude ! Puis, m'attirant à lui par un bouton de mon manteau, il a rapproché son visage rougeaud du mien et, avec une conviction peut-être sincère, peut-être feinte : Tu verras, ils nous laisseront sortir très bientôt. Attends seulement que les Américains l'apprennent ! »

5

La valse de la rue Chlodna

Lorsque je repense aujourd'hui à d'autres souvenirs plus terribles encore, ma vie dans le ghetto de Varsovie de novembre 1940 à juillet 1942 me revient en une seule et unique image, comme s'il ne s'agissait que d'un jour et non de presque deux années. Malgré tous mes efforts, je n'arrive pas à la décomposer en séquences plus brèves qui permettraient d'apporter une certaine cohérence chronologique à cette évocation, ainsi qu'on le fait habituellement en rédigeant un journal.

Des événements bien définissables se sont produits à cette époque, naturellement, de même qu'avant et après, des repères connus de tous et faciles à appréhender. Comme dans tout le reste de l'Europe, les Allemands s'adonnaient alors à une gigantesque chasse à l'homme afin de transformer leurs proies en chevaux de labour. La seule différence, peut-être, c'est que dans le ghetto de Varsovie ces battues ont pris brusquement fin au printemps 1942. En l'espace de quelques mois, le gibier juif a été destiné à d'autres usages, et de même que toutes les autres parties de chasse celle-ci avait besoin d'une interruption pour que le tableau final n'en soit que plus impressionnant, et sans surprise. Nous autres Juifs étions pillés tout comme les Français, les Belges, les Norvégiens et les Grecs, mais là encore avec une nuance : on nous spoliait avec un acharnement plus systématique, et dans un cadre strictement officiel. Les Allemands qui n'appartenaient pas au système d'oppression du ghetto n'étaient pas admis dans ses murs, n'avaient pas le droit de venir razzier pour leur compte personnel. C'était à la police allemande que cette prérogative était accordée par un décret spécial du gouverneur général, en conformité avec les lois prédatrices que les autorités du Reich avaient promulguées.

En 1941, l'Allemagne a envahi la Russie. Dans le ghetto, nous retenions notre souffle en suivant les développements de cette nouvelle offensive. Au début, nous avons commis l'erreur de penser que les Allemands allaient cette fois être mis en déroute. Ensuite, tandis que les troupes d'Hitler s'avançaient en territoire russe, nous avons été envahis par le désespoir et par une vision de plus en plus noire de notre avenir, comme de celui de l'humanité en général. Et puis, quand les nazis ont ordonné que tous les bonnets de fourrure juifs leur soient remis sous peine de mort, nous nous sommes plu à penser que leur situation à l'est ne devait pas être si brillante puisque leur victoire dépendait maintenant de chapeaux en castor ou en renard argenté...

Le ghetto rétrécissait toujours plus. Les Allemands rognaient son étendue rue après rue, pâté de maisons après pâté de maisons. C'était exactement de la même manière que l'Allemagne modifiait les frontières des États européens qu'elle avait soumis, s'annexant province sur province. Et de ce fait le ghetto de Varsovie finissait par paraître non moins important que la France, la perte de la rue Zlota ou Zielna devenant une preuve aussi patente de l'expansion du *Lebensraum*[1] germanique que là-bas celle de l'Alsace et de la Lorraine.

Ces péripéties extérieures n'étaient cependant rien en regard de la réalité incontournable qui occupait sans cesse notre esprit, qui dominait chaque heure, chaque minute que nous passions dans le ghetto : l'enfermement.

Je pense que la situation aurait été plus supportable, sur le plan psychologique, si notre emprisonnement avait été plus patent – bouclés à double tour dans une cellule, par exemple. Une privation aussi radicale de la liberté a une influence directe, indubitable, sur les relations qu'un être humain entretient avec le monde réel. Aucune illusion n'est possible, dans ce cas : le cachot est un univers en soi, qui ne contient que de l'enfermement et n'entretient aucun contact avec cette planète lointaine où les hommes vont et viennent sans entrave. Si vous en avez le temps et l'envie, vous pouvez en rêver, de cet autre monde, mais si vous décidez de l'oublier il ne viendra pas s'imposer à vous de lui-même. Il ne sera pas toujours là, sous vos yeux, à vous tourmenter en vous rappelant l'existence d'être libre qui a jadis été la vôtre.

La vie dans le ghetto était d'autant plus atroce qu'elle gardait les apparences de la liberté, au contraire. Il suffisait de descendre dans la rue pour avoir l'impression trompeuse de se trouver au milieu d'une ville comme les autres. Nous ne prêtions même plus attention à nos brassards de Juifs, puisque nous en portions tous un. Après un certain temps, je me suis rendu compte que je m'y

---

1. L'« espace vital » de la nation allemande, concept cher aux nazis. *(N.d.T.)*

étais habitué au point de le voir sur mes amis « aryens » lorsque je rêvais d'eux, comme si cette bande de tissu blanc était devenue un accessoire vestimentaire aussi banal et universel que la cravate.

Mais les rues du ghetto, et elles seules, finissaient toutes contre un mur. Il m'arrivait souvent de partir en marchant au hasard, sans but précis, et chaque fois j'étais surpris de buter sur l'une de ces barrières. Elles se dressaient là où j'aurais voulu continuer à avancer, m'interdisaient de poursuivre ma route, et il n'y avait aucune raison logique à cela. Soudain, la portion de la rue située de l'autre côté du mur devenait pour moi l'endroit le plus chérissable au monde, celui dont j'avais le plus besoin, qui à cet instant précis recelait tout ce que j'aurais désiré voir... Mais le mur restait le plus fort. Alors je tournais les talons, battu, et l'expérience se reproduisait le lendemain, et le surlendemain, m'emplissant à nouveau du même désespoir insondable.

Pourtant, même dans le ghetto, vous pouviez aller au restaurant, au café, y retrouver des amis, et en apparence rien ne vous empêchait alors de vous y sentir aussi à l'aise que dans n'importe quel autre établissement de ce genre. Puis arrivait inévitablement le moment où l'une de vos connaissances laissait échapper une remarque anodine : ce petit groupe s'entendait si bien, prenait tant plaisir à bavarder de concert, qu'il serait certainement fort agréable de partir ensemble en excursion par un beau dimanche. À Otwock, disons ? C'est l'été, n'est-ce pas, le temps paraît vouloir se maintenir au beau fixe... Une envie aussi simple, quel obstacle pourrait vous dissuader de la réaliser ? Et sur-le-champ, même : il suffit de se lever, de payer les consommations, de sortir dans la rue, de prendre la direction de la gare bras dessus bras dessous avec vos joyeux compagnons, d'acheter les billets et de sauter dans le train de banlieue… Oui, l'illusion était parfaite, tous les ingrédients étaient réunis pour vous permettre d'y croire, jusqu'au moment où vous vous retrouviez en face du mur.

Quand j'y repense, cette période de deux années ou presque dans le ghetto me rappelle une page beaucoup plus courte de mon enfance. Je devais me faire opérer de l'appendicite. L'intervention s'annonçait sans surprise, sans rien d'inquiétant. Mes parents étaient convenus d'une date avec les médecins, une chambre avait été retenue pour moi à l'hôpital. Dans l'espoir de me rendre l'attente moins pénible, ils s'étaient ingéniés à transformer la semaine qui me séparait de l'opération en une succession de sorties, de cadeaux, de distractions. Nous allions manger des glaces tous les jours, puis c'était le cinéma, ou le théâtre. Ils me couvraient de livres, de jouets, de tout ce que je pouvais convoiter dans mon cœur. En apparence, je n'avais besoin de rien d'autre pour me sentir pleinement heureux. Et pourtant je me rappelle encore que pendant toute cette semaine, devant un film, à une représentation théâtrale, chez le glacier, et même quand je me plongeais dans des jeux qui demandaient la plus grande concentration, je n'ai pu me libérer une seule seconde de la peur insidieuse qui restait tapie dans mon estomac, de cette angoisse informulée mais persistante à l'idée de ce qui allait se passer lorsque le jour redouté finirait par arriver.

Pendant deux ans ou presque, cette même terreur instinctive n'a pas quitté un instant les habitants du ghetto. Comparée à ce qui a suivi, c'était une période de calme relatif et cependant elle a transformé notre existence en un cauchemar permanent, parce que nous sentions de tout notre être que quelque chose d'effrayant allait se produire demain, dans dix jours, tout à l'heure... Nous ignorions seulement quelle forme prendrait la catastrophe, et d'où elle allait fondre sur nous.

Chaque matin, j'avais l'habitude de sortir sitôt le petit déjeuner terminé. Mon rituel quotidien comprenait un long trajet par la rue Mila jusqu'à l'antre ténébreux où vivait la famille du concierge Yehouda Zyskind. Dans le contexte du ghetto, une simple promenade prenait l'allure d'une cérémonie codifiée, surtout pendant les périodes de rafles. Il fallait d'abord passer chez les voisins, où l'on écoutait patiemment le récit détaillé de leurs maux avant de pouvoir apprendre ce qui se tramait en ville ce jour-là : des descentes de police avaient-elles étaient signalées ? Avaient-ils entendu parler de barrages dans tel ou tel secteur ? Est-ce que la rue Chlodna était placée sous surveillance ? Cette formalité accomplie, on pouvait quitter son immeuble, mais seulement pour répéter ces mêmes questions aux passants croisés sur le trottoir, puis de nouveau à chaque carrefour. Seules de telles précautions vous plaçaient à l'abri, certes toujours relatif, d'une arrestation.

Notre monde était divisé en deux sphères : le Grand et le Petit Ghetto. Après avoir vu sa taille encore réduite, le Petit Ghetto, formé par les rues Wielka, Sienna, Zelazna, Chlodna, ne gardait plus qu'un seul point de contact avec le grand, de l'angle de la rue Zelazna jusqu'à l'autre côté de la rue Chlodna. Le Grand Ghetto, qui englobait toute la zone septentrionale de Varsovie, était une vaste confusion de ruelles étroites et maladorantes où les Juifs les plus démunis s'entassaient dans des masures aussi sales que bondées. En comparaison, la surpopulation du Petit Ghetto n'atteignait pas un degré aussi critique : trois ou quatre personnes s'y partageaient une pièce et avec un peu de dextérité il était encore possible de circuler dehors sans entrer en collision avec d'autres piétons. Et même si tous les détours et louvoiements ne vous épargnaient finalement pas un contact physique, l'expérience n'était pas trop dangereuse car la majorité des habitants étaient ici des intellectuels ou des bourgeois relativement prospères, c'est-à-dire moins susceptibles d'être couverts de vermine et déterminés à éliminer les poux que chacun ramenait de la moindre incursion dans le Grand Ghetto. C'était seulement après la rue Chlodna que le cauchemar commençait. À partir de là, il fallait compter sur sa chance, et avant tout sur sa perspicacité en choisissant le moment de s'aventurer dans ces parages.

Située en zone « aryenne », la rue Chlodna était fréquentée par un grand nombre d'automobiles de trams et de piétons. Comme c'était le seul point de passage de la population juive entre le Grand et le Petit Ghetto, et vice versa, il fallait interrompre la circulation lorsque le flux devenait trop important. Et comme les Allemands trouvaient cela fort désagréable, ils n'autorisaient les Juifs à traverser cette artère que le plus rarement possible.

En descendant Zelazna, on apercevait de loin la foule massée au coin de la rue Chlodna. Ceux que des affaires urgentes avaient amenés ici piaffaient nerveusement sur place en attendant que les policiers daignent stopper le flot de véhicules et leur permettent de traverser. Il revenait à ces derniers de décider si le trafic sur l'artère principale était assez ténu et la rue Zelazna assez bondée pour laisser passer les Juifs. Alors, ils s'écartaient un peu et une foule aussi dense qu'impatiente bondissait de chaque côté, entrait en collision sur Chlodna, se renversait, se piétinait, anxieuse de s'éloigner au plus vite de la dangereuse proximité des Allemands et de se retrouver dans l'un ou l'autre des deux ghettos. Puis le cordon de policiers se reformait et l'attente reprenait.

Plus l'attroupement grossissait, plus son agitation et sa nervosité s'intensifiaient. Tous savaient que les gardes allemands s'ennuyaient à ce poste, qu'ils étaient à l'affût de la moindre distraction. Ils aimaient particulièrement organiser une sorte de bal sinistre. D'abord, ils allaient chercher des musiciens dans les ruelles latérales : avec la misère générale, en effet, les petits orchestres de rue s'étaient multipliés. Ensuite, ils choisissaient dans la foule ceux dont ils trouvaient l'allure particulièrement comique et leur ordonnaient de danser la valse devant eux. Alors les musiciens s'installaient au pied d'un immeuble, les policiers faisaient dégager une portion du trottoir et l'un d'eux adoptait le rôle de chef d'orchestre en frappant les interprètes s'ils s'avisaient de ne pas jouer assez vite, tandis que les autres contemplaient ce spectacle donné sous la contrainte. Des couples d'infirmes, de vieillards, de personnes très corpulentes alliées à d'autres d'une maigreur extrême se mettaient à virevolter sous les yeux horrifiés de la foule. Si quelqu'un était exceptionnellement grand, il était sûr de se voir imposer pour partenaire un nabot, ou un enfant. Autour de la « piste de danse », les Allemands hurlaient de rire en criant : « Plus vite ! Allez, encore plus vite ! Tout le monde doit danser ! »

Qu'ils jugent spécialement hilarants ces pauvres hères grotesquement appariés et ils les forçaient à continuer, encore et encore. Et alors qu'ils perdaient une fois l'opportunité de traverser, puis deux, puis trois, les malheureux danseurs étaient contraints de s'agiter au rythme de la valse, hors d'haleine, pleurant de fatigue, luttant pour ne pas tomber, espérant vainement un geste de miséricorde.

C'est seulement lorsque je passais de l'autre côté de la rue Chlodna que je découvrais la vraie nature du ghetto. Ici, les habitants n'avaient pas d'économies ni d'objets de valeur dissimulés. Ils ne survivaient que grâce au troc et au petit commerce. Plus on s'enfonçait dans le labyrinthe, plus les propositions se faisaient insistantes. Des femmes avec des mioches accrochés à leur jupe accostaient le passant en lui présentant quelques gâteaux sur un bout de carton. C'était là toute leur fortune, et de la poignée de pièces qu'elles pourraient en récolter dépendait que leur progéniture dîne ou non d'un croûton de pain noir le soir venu. De vieux Juifs émaciés jusqu'à en être défigurés essayaient de vendre des hardes informes. Les jeunes, eux, menaient un difficile négoce d'or et de billets de banque, se disputant agressivement quelque boîtier de montre cabossé, quelque chaîne de gousset en morceaux, ou bien des dollars sales et élimés qu'ils élevaient dans la lumière avant de certifier qu'ils étaient faux, tandis que le vendeur se récriait qu'ils étaient au contraire « presque comme neufs ».

Les *konhellerki*, ces trams tirés par des chevaux, se frayaient un chemin dans les rues animées avec force coups de cloche, les attelages fendant la foule comme des navires au sillage aussitôt refermé par les vagues. Le sobriquet provenait du nom de leurs propriétaires, Kon et Heller, deux nababs juifs qui s'étaient mis au service de la Gestapo et tiraient de copieux bénéfices de cette protection. Comme le passage était plutôt onéreux, ces

trams n'étaient fréquentés que par de riches commer-
çants, qui ne se seraient pas aventurés au cœur du Grand
Ghetto s'ils n'avaient pas eu quelque affaire à régler. Sitôt
descendus de véhicule, ils se hâtaient jusqu'à la boutique
ou au bureau où ils étaient attendus et sautaient à
nouveau dans un tram repartant en sens inverse dès
qu'ils avaient conclu le marché, pressés de quitter ce
terrible endroit sans tarder.

Le trajet de l'arrêt de tram à un magasin tout proche
n'avait rien de simple, cependant. Des douzaines de
mendiants guettaient en effet cette brève et rare occasion
de croiser un citoyen nanti. Dès que celui-ci apparaissait, ils tombaient en masse sur lui, se pendaient à ses
basques, lui barraient la route, suppliaient, sanglotaient,
tempêtaient, menaçaient. Mais personne n'aurait
commis la folie de se laisser attendrir et de faire l'aumône
à l'un d'entre eux, car les cris se seraient transformés en
vociférations qui auraient attiré toujours plus de ces êtres
loqueteux et le bon Samaritain se serait vu assiégé,
acculé par ces spectres le couvrant de postillons emplis
de bacilles, par des enfants aux plaies purulentes qu'on
lui aurait poussés dans les bras, par les gesticulations de
bras amputés, les roulements d'yeux morts, les gouffres
de bouches édentées et nauséabondes, tous quémandant
une aide immédiate comme si leur survie en dépendait à
cet instant même.

La rue Karmelicka était la seule artère conduisant au
centre du ghetto. Là, ne pas frôler les passants ou ne pas
entrer en collision avec eux était impossible. C'était un
flot humain qui s'écoulait sans cesse, brutalement, en
formant des tourbillons devant les kiosques et les étals à
l'entrée des immeubles. On était pris à la gorge par une
puanteur de draps moisis, de graisse rancie et d'ordures

pourrissant dans les caniveaux. À la moindre provocation, la foule était prise de panique et ses mouvements devenaient encore plus erratiques : les gens couraient d'un trottoir à l'autre, s'entassaient les uns sur les autres sans cesser de hurler et de jurer. C'était une rue particulièrement dangereuse car des fourgons de prisonniers l'empruntaient plusieurs fois par jour. À l'aller, ces véhicules conduisaient les détenus, invisibles derrière les minuscules fenêtres en verre opaque ménagées dans leurs parois en acier grisâtre, des cachots de Pawiak au siège de la Gestapo du boulevard Szuch ; au retour, ils charriaient ce qui restait d'eux après leur interrogatoire, des épaves sanglantes aux membres brisés et à la rate éclatée, aux ongles arrachés… Bien que déjà blindés, les camions étaient encadrés par une escorte qui ne tolérait pas la moindre présence à leurs abords. Quand le convoi s'engageait dans la rue Karmelicka, tellement surpeuplée que même avec la meilleure volonté du monde on n'aurait pu s'éloigner de la chaussée, les hommes de la Gestapo se penchaient par les vitres et frappaient les passants les plus proches. S'il s'était agi de matraques en caoutchouc habituelles, l'expérience aurait été plus douloureuse que périlleuse, mais celles dont ils étaient munis étaient hérissées de clous ou de lames de rasoir.

Yehouda Zyskind vivait non loin de là, rue Mila. Outre sa fonction de concierge, il remplissait si besoin les offices de courrier, de chauffeur et de contrebandier chargé de faire passer l'enceinte du ghetto aux marchandises. Grâce à un esprit matois et à la force peu commune que concentrait son impressionnante carrure, il trouvait toujours moyen de gagner assez d'argent pour nourrir sa famille, laquelle était si nombreuse que je n'ai jamais été capable de la dénombrer exactement. Mais au-delà de ces occupations quotidiennes Zyskind était aussi et surtout un fervent socialiste qui ne perdait jamais contact avec l'organisation clandestine, introduisait de la presse interdite dans le ghetto et tentait d'y former des cellules, sans parvenir à de réels résultats sur ce dernier point. Il me réservait un mépris courtois, attitude qu'il jugeait la plus appropriée vis-à-vis des artistes, hurluberlus qui ne pourraient selon lui jamais faire de bons conspirateurs. Il m'aimait bien, cependant, et m'autorisait à passer chez lui tous les matins pour lire les dépêches secrètes parvenues par radio, tout juste sorties des presses clandestines. Lorsque je repense à lui après toutes ces années terribles qui me séparent du temps où il était encore en vie et continuait à répandre sa bonne parole, je ne peux qu'admirer son inflexible volonté.

C'était un optimiste convaincu, Yehouda. Même lorsque les nouvelles transmises par la radio étaient accablantes, il était toujours capable d'y apporter une interprétation encourageante. Un jour que je venais de consulter les derniers communiqués, j'avais laissé retomber ma main et j'avais soupiré sombrement : « Bon, vous devez bien admettre que c'est fini, là… » En souriant, il s'était carré sur sa chaise en sortant une cigarette et avait commencé d'un ton enjoué : « Ah ! mais vous n'y êtes pas du tout, monsieur Szpilman ! », avant de se lancer dans l'un de ses exposés de géopolitique. J'étais encore plus perdu par ce qu'il disait, en vérité, et pourtant il s'exprimait avec une conviction si communicative, avec une telle certitude que tout allait pour le mieux dans le meilleur des mondes, que je me découvrais soudain partageant ses vues sans même comprendre quand et comment ce revirement s'était produit. Chaque fois, je me sentais rasséréné en le quittant, j'avais retrouvé confiance et c'était seulement le soir, déjà dans mon lit, qu'en méditant à nouveau sur les derniers développements de l'actualité je finissais par conclure que ses arguments ne tenaient pas debout. Le lendemain matin, toutefois, j'étais encore chez lui, il arrivait encore à me persuader de mon erreur et je repartais encore avec une injection d'optimisme qui stimulait mon moral jusqu'à la nuit… Yehouda, lui, a duré jusqu'à l'hiver 1942. Il a été surpris en flagrant délit pendant qu'il assemblait des journaux clandestins sur la table de sa cuisine, aidé de sa femme et de ses enfants. Ils ont tous été abattus sur place, même le petit Simkhé, un enfant de trois ans.

Après l'assassinat de Yehouda Zyskind, j'ai eu du mal à garder l'espoir, d'autant qu'il n'y avait plus personne pour tout m'expliquer en détail et me dessiller les yeux… Il a fallu que des années s'écoulent avant que je me rende compte que j'étais dans l'erreur, tout comme ces désolants bulletins d'information, et que c'était lui qui avait été dans le vrai. Aussi invraisemblables qu'ils aient pu paraître à l'époque, tous ses pronostics ont été plus que confirmés par l'Histoire.

Au retour, je suivais un itinéraire immuable : Karmelicka, Leszno et Zelazna. En chemin, je passais rapidement chez des amis afin de leur rapporter de vive voix les nouvelles que j'avais glanées chez Zyskind. Puis je rejoignais Henryk rue Nowolipki et je l'aidais à rapporter son panier de livres à la maison.

Mon frère menait alors une existence difficile, qu'il avait choisie en toute conscience et à laquelle il n'avait aucune intention de renoncer, persuadé comme il l'était qu'elle le préservait du déshonneur. Nombre d'amis qui appréciaient ses qualités et sa culture l'encourageaient à

suivre l'exemple de tant de jeunes intellectuels en inté-
grant la police juive du ghetto. Tu serais en sécurité, lui
remontraient-ils, et avec un peu de débrouillardise tu
gagnerais bien ta vie... Henryk ne voulait même pas
entendre parler de cette éventualité. Dès qu'il entendait
ces arguments, il se froissait, s'estimant insulté ; fidèle à
sa rigueur coutumière, et au risque de heurter nos amis,
il répliquait qu'il n'était pas prêt à côtoyer des brigands.
Et donc il a entrepris de se rendre chaque matin rue
Nowolipki avec un panier bourré de livres qu'il vendait
sur le trottoir, noyé de sueur l'été, frissonnant dans le
vent glacé de l'hiver, inflexible, obstinément attaché à
ses convictions les plus chères. Puisque c'était le seul
rapport à la chose imprimée qui lui était encore permis,
lui, un intellectuel, eh bien il s'en contenterait. Et il n'irait
pas plus loin dans la déchéance.

Lorsque nous revenions à la maison avec son charge-
ment, les autres étaient la plupart du temps déjà là et
nous attendaient pour commencer le déjeuner. Mère
tenait beaucoup à ce que nous prenions nos repas tous
ensemble. Par ce rituel domestique, qui était son
domaine, elle nous offrait un élément de stabilité auquel
nous pouvions nous raccrocher, veillant à ce que la table
soit toujours joliment dressée, avec une nappe et des
serviettes propres. Elle se poudrait à peine les joues
avant de s'asseoir, rectifiait sa coiffure en vérifiant son
élégance dans la glace. Puis elle lissait nerveusement les
pans de sa robe, mais elle n'aurait pu effacer de la même
façon les petits plis qui étaient apparus autour de ses yeux
et qui allaient se creuser au fil des mois, ni empêcher les
mèches grises dans sa chevelure de tourner au blanc.

Une fois son petit monde installé, elle apportait la
soupière de la cuisine et, tout en nous servant, choisissait

le thème de conversation du jour, mettant un point d'honneur à ce qu'aucun sujet déplaisant ne soit évoqué à sa table. Si l'un de nous commettait toutefois une telle faute de goût, elle le corrigeait doucement par un « Cela ne durera qu'un temps, vous allez voir », et elle s'empressait de passer à autre chose.

Avec son naturel peu enclin aux idées sombres, Père s'empressait d'ailleurs de nous submerger de bonnes nouvelles. Une rafle raciale avait-elle eu lieu, et une douzaine de captifs avaient-ils été ensuite libérés en échange de pots-de-vin ? Rayonnant, il nous annonçait tenir des meilleures sources que tous les hommes âgés de plus — ou de moins, selon les cas — de quarante ans et disposant d'une éducation supérieure ou au contraire illettrés avaient été relâchés pour une raison ou une autre… Quoi qu'il arrive, il y décelait chaque fois un très bon signe. Quand les nouvelles circulant en ville se révélaient indéniablement déprimantes, il avait d'abord un air sombre et taciturne en s'asseyant, mais la soupe avait le don de le ragaillardir et à l'apparition du plat principal, des légumes généralement, il se lançait déjà dans des diatribes enjouées.

Plongés dans leurs pensées, Henryk et Regina participaient rarement à la conversation. Ma sœur réfléchissait aux dossiers qui l'attendaient l'après-midi à l'étude d'avocat où elle avait trouvé un emploi, touchant de très modestes honoraires, mais se consacrant à son travail avec la même probité et la même énergie que si elle avait gagné des mille et des cents. Quant à Henryk, il ne sortait de sa morosité que pour me chercher querelle. Par exemple, il fixait un long regard étonné sur moi puis s'ébrouait et laissait enfin libre cours à son humeur en grommelant : « Non, mais vraiment, les cravates qu'il porte, ce Wladek… Il faudrait être fou à lier pour mettre ça ! » Alors je répliquais : « Fou toi-même ! Et idiot, en plus ! », et la dispute était lancée. Il ne supportait pas que je m'habille avec soin quand je jouais du piano en public. En réalité, il ne cherchait pas vraiment à comprendre mes occupations et mes sentiments. Maintenant qu'il a disparu depuis si longtemps, je sais pourtant que nous nous aimions à notre manière, en dépit de nos incessantes chamailleries, et que le don que nous avions de nous irriter réciproquement s'expliquait sans doute par le fait que nous étions au fond très ressemblants, sur le plan du caractère.

C'était Halina que j'avais le plus de mal à cerner. Elle ne paraissait pas appartenir réellement à notre famille, toujours très réservée et secrète, ne partageant presque jamais avec nous ses pensées, ses émotions ou ce qu'elle faisait quand elle sortait de l'appartement. Lorsqu'elle revenait à la maison, elle était aussi impassible et silencieuse qu'en partant ; jour après jour, elle se contentait de s'asseoir avec nous devant le repas sans manifester le moindre intérêt ni la moindre intention de se joindre à la conversation. Elle était une énigme pour moi, et désormais elle le restera pour toujours.

Nos déjeuners étaient de la plus grande simplicité : pas de viande, ou alors très rarement, des préparations nourrissantes mais frugales. Comparé à ce que la majorité des habitants du ghetto avaient dans leurs assiettes, cependant, c'était de vrais festins que Mère nous proposait.

Un jour humide de décembre, alors que la neige se muait en boue sous les pieds et que le vent soufflait en bourrasques dans les rues, il m'est arrivé de constater *de visu* en quoi consistait le déjeuner d'un vieil « escamoteur ». Dans le ghetto, nous désignions par ce terme ceux qui avaient sombré dans un tel dénuement qu'il ne leur restait plus qu'à chaparder pour survivre. Ils pouvaient s'approcher d'un passant qui avait un paquet sous le bras, le lui arracher et s'enfuir en courant dans l'espoir de trouver quelque chose de comestible à l'intérieur.

Alors que je traversais la place de la Banque, une pauvre femme portant un bocal enveloppé de papier-journal marchait devant moi, à quelques mètres. Un vieux bonhomme en haillons se traînait entre nous deux, les épaules voûtées, tremblant de froid, ses chaussures trouées laissant apparaître ses pieds violacés dans la neige fondue. Soudain, il a bondi en avant, s'est agrippé au bocal et a tenté de s'en emparer. Je ne sais s'il n'était pas assez fort, ou si la passante résistait trop énergiquement, mais en tout cas le bocal a fini par s'écraser au sol au lieu de finir entre les mains de l'« escamoteur » et une mare de soupe épaisse, encore fumante, s'est formée dans la neige sale.

Nous sommes restés pétrifiés tous les trois, la femme privée de voix par la consternation. Les yeux du vieux allaient du bocal à la passante, un grognement qui ressemblait à un sanglot s'est échappé de sa gorge. Brusquement, il s'est jeté à plat ventre dans la gadoue et s'est mis à laper la soupe en s'aidant de ses deux mains pour empêcher le liquide boueux de lui échapper, indifférent aux coups de pied que lui décochait maintenant la femme tout en hurlant de désespoir et en s'arrachant les cheveux.

6

L'heure des enfants et des fous

Ma carrière de pianiste en temps de guerre a débuté au Café Nowoczesna, rue Nowolipki. Aussi dérisoire qu'elle m'ait semblé, la vie avait fini par me tirer de ma léthargie, me forçant à chercher un moyen de gagner de quoi subsister. Et j'en avais trouvé un, grâce au Ciel. Mon travail ne me donnait guère le loisir de broyer du noir, et puis de savoir que la survie de tous mes proches dépendait de mes maigres cachets d'interprète m'a conduit à surmonter peu à peu le désespoir sans fond dans lequel j'avais sombré.

Je commençais l'après-midi. Pour me rendre au café, je devais trouver ma route dans le labyrinthe d'étroites ruelles qui se perdaient à travers le ghetto, ou bien, quand j'avais envie d'un peu de changement et d'observer les palpitantes allées et venues des contrebandiers, je longeais le mur d'enceinte. C'était le meilleur moment, pour eux : les policiers, épuisés d'avoir passé la matinée à se remplir les poches, étaient alors occupés à compter leur butin. Des silhouettes furtives apparaissaient aux fenêtres ou sous les porches des immeubles qui jouxtaient le mur avant de se tapir à nouveau dans l'ombre, l'oreille tendue, guettant l'approche d'une carriole ou d'un tram de l'autre côté de la paroi. De temps à autre, le bruit des roues invisibles s'intensifiait, le claquement des sabots d'un cheval sur les pavés se précipitait et, au signal convenu – un bref sifflement –, on voyait soudain des sacs et des caisses voler par-dessus l'enceinte. Alors les guetteurs sortaient en courant de leur abri, récupéraient en hâte la marchandise et se fondaient à nouveau dans l'ombre tandis qu'un silence trompeur, frémissant de nervosité et de chuchotements, reprenait possession de la rue pendant quelques minutes. Les jours où la police mettait plus d'énergie à la tâche, on pouvait entendre les échos des coups de feu se répercuter sur les façades. Ces jours-là, c'étaient des grenades à main et non des sacs qui franchissaient le mur et explosaient bruyamment en fissurant le plâtre des bâtiments.

Il y avait des endroits où le mur ne descendait pas jusqu'au sol, percé de drains destinés à laisser les caniveaux de la partie aryenne de la rue se déverser dans les égouts qui passaient sous la chaussée juive. Ici, c'était le territoire des contrebandiers en herbe, des enfants qui s'y risquaient sur leurs jambes minces comme des allumettes en jetant des regards apeurés autour d'eux et qui y passaient leurs petites pattes noirâtres pour récupérer l'arrivage du jour, des fardeaux souvent plus gros que ceux qui venaient les réceptionner. Alors, ils les chargeaient sur leurs épaules, chancelant sous le poids, les veines de leurs tempes gonflées par l'effort, la bouche ouverte, le souffle court, et ils s'éparpillaient en tous sens, tels des rats pris de panique.

Leur labeur comportait autant de risques que celui des adultes. Leur vie ou leur intégrité physique étaient tout aussi en danger. Un jour, alors que je marchais le long du mur, j'avais aperçu un de ces jeunes passeurs dont l'intervention paraissait sur le point de se conclure sans anicroche. Il ne restait au garçon juif qu'à ressortir du conduit en poussant ses marchandises devant lui. Sa silhouette décharnée était déjà en partie visible quand il s'était mis à crier. Au même instant, j'ai entendu les hurlements gutturaux d'un Allemand s'élever de l'autre côté du mur. Je me suis précipité pour l'aider à s'extraire du conduit au plus vite, mais malgré toutes nos tentatives il restait coincé par les hanches. Tandis que ses plaintes se faisaient toujours plus déchirantes, je l'ai tiré par les bras, de toutes mes forces. Derrière l'enceinte, le policier s'acharnait à la matraque sur lui, les coups résonnaient sourdement dans la canalisation. Quand je suis enfin parvenu à le sortir du piège, il a expiré sur-le-champ, la colonne vertébrale brisée.

Le ghetto n'avait pas besoin de ce trafic pour survivre, en réalité. La plupart des sacs et des colis qui transitaient par le mur étaient des dons dispensés par des Polonais aux plus démunis des Juifs. La véritable contrebande, celle à grande échelle, était contrôlée par des hommes puissants, des magnats du marché noir tels que Kon ou Heller. Leurs opérations étaient bien moins risquées, pratiquement sans danger : en temps voulu, des gardes préalablement achetés regardaient ailleurs tandis que des colonnes entières de chariots passaient la porte du ghetto sous leur nez. Avec leur agrément tacite, nourriture, alcools de prix, victuailles des plus raffinées, tabac arrivé droit de Grèce, fanfreluches et parfums français étaient ainsi introduits sans encombre.

J'étais bien placé pour les voir tous les jours, ces articles coûteux. Le Café Nowoczesna n'était en effet

77

fréquenté que par les richards et leurs cavalières couvertes de diamants et de bijoux en or. Au son des bouchons de champagne fusant en l'air, des grues outrageusement maquillées vendaient leurs charmes aux profiteurs de guerre installés devant des tables bien garnies. C'est ici que j'allais perdre deux de mes grandes illusions : celle que nous étions tous solidaires face à l'adversité, et celle que tous les Juifs savaient apprécier la musique.

Aux abords du café, les mendiants n'étaient pas tolérés. Des portiers corpulents se chargeaient de les chasser en brandissant leur gourdin alors que les pousse-pousse, qui venaient parfois de très loin, déposaient à l'entrée des hommes et des femmes emmitouflés dans de confortables manteaux en hiver, la tête couverte de canotiers ou de foulards en soie de France en été. Avant d'atteindre la zone contrôlée par les cerbères, ils repoussaient eux-mêmes les badauds avec leur canne, les traits tordus par le dégoût et l'indignation. Jamais d'aumône : dans leur esprit, la charité ne servait qu'à décourager les gens. Si vous vouliez gagner autant d'argent qu'eux, il vous suffisait de travailler aussi dur. Tout le monde en avait l'opportunité, de sorte que ceux qui ne savaient pas s'en tirer dans la vie devaient ne s'en prendre qu'à eux.

Une fois confortablement assis dans l'établissement — qu'ils ne fréquentaient que pour mener leurs affaires, bien entendu —, ils commençaient par se plaindre des temps difficiles qu'ils traversaient et de l'égoïsme que manifestaient les Juifs d'Amérique. Mais qu'est-ce qu'ils croyaient, ceux-là ? Ici on mourait comme des mouches, on n'avait rien à se mettre sous les dents, les pires atrocités étaient commises et pourtant la presse américaine n'en soufflait mot ! Et de l'autre côté de la mare aux harengs les banquiers juifs ne levaient pas le petit doigt pour que les États-Unis entrent en guerre contre l'Allemagne, alors qu'ils auraient pu aisément pousser dans ce sens, s'ils l'avaient voulu…

Au Nowoczesna, personne ne prêtait la moindre attention à ce que je jouais. Plus je tapais sur mon piano, plus les convives élevaient la voix tout en s'empiffrant et en trinquant. Chaque soir, entre mon public et moi, c'était une lutte ouverte à qui arriverait à imposer son vacarme sur l'autre. Une fois, un client a même envoyé un serveur me demander de m'interrompre un instant parce que je l'empêchais d'éprouver la qualité des pièces de vingt dollars-or que l'un de ses commensaux venait de lui vendre. Il les faisait doucement tinter contre le guéridon en marbre, les portait à son oreille entre deux doigts et écoutait intensément la manière dont ils sonnaient, seule et unique musique agréable à son oreille.

Je ne suis pas resté longtemps là-bas, heureusement. Bientôt, j'ai trouvé un emploi dans un café d'un tout autre genre, rue Sienna, où artistes et intellectuels juifs venaient m'écouter. C'est ici que j'ai commencé à établir ma réputation de musicien et à rencontrer des amis avec lesquels j'allais passer par la suite d'agréables mais aussi de tragiques moments. Parmi les habitués, il y avait Roman Kramsztyk, un peintre extrêmement doué, très lié à Arthur Rubinstein et à Karol Szymanowski. À l'époque, il travaillait à une remarquable série d'esquisses consacrées à la vie quotidienne dans le ghetto, sans savoir alors qu'il allait être assassiné et que la plupart de ces études disparaîtraient.

Janusz Korczak, autre assidu du café de la rue Sienna, était l'un des êtres les plus exceptionnels qu'il m'ait été

donné de connaître, un homme de lettres qui avait
l'estime des principales figures du mouvement Jeune
Pologne. Ce qu'il racontait de ces artistes était en tout
point fascinant. Il portait sur eux un regard marqué à la
fois par une grande simplicité et par une une passion
contagieuse. S'il n'était pas tenu pour un auteur de
premier plan, c'était sans doute parce que ses talents litté-
raires s'exerçaient dans un registre très spécifique, celui
des contes pour enfants. Ses textes, qui s'adressaient aux
petits et les prenaient pour personnages, révélaient une
rare sensibilité à la mentalité enfantine. Ils n'étaient pas
inspirés par quelque ambition stylistique mais sortaient
tout droit du cœur d'un pédagogue-né, d'un sincère
philanthrope. Plus que ses écrits eux-mêmes, c'était
l'engagement à vivre ce qu'il écrivait qui donnait toute
sa valeur à l'homme. Des années auparavant, à l'orée de
sa carrière, il avait consacré tout son temps libre et
chacun des zlotys qu'il pouvait réunir à la cause des
enfants, vocation qu'il allait poursuivre jusqu'à sa mort.
Il avait fondé des orphelinats, organisé des collectes et
des fonds d'entraide en faveur des petits pauvres qui,
grâce à ses interventions à la radio sur ce sujet, lui avaient
attiré l'admiration générale et le surnom affectueux de
« Papy Docteur » auprès des enfants comme des adultes.
Lorsque les portes du ghetto s'étaient refermées, il avait
décidé de rester alors qu'il aurait pu aisément se mettre
à l'abri, poursuivant son action à l'intérieur, assumant
son rôle de père adoptif d'une douzaine d'orphelins juifs,
les enfants les plus tragiquement abandonnés de toute la
planète. Dans nos conversations animées, rue Sienna,
nous ignorions encore sur quelle note admirable, boule-
versante, sa vie allait s'achever.

Au bout de quatre mois, je suis passé à un autre

établissement, rue Leszno cette fois. Le Sztuka (« Les Arts »), principal café du ghetto, se voulait un haut lieu de la culture. Sa salle de concert accueillait de nombreux artistes. Parmi les chanteurs, il faut citer Maria Eisenstadt, dont la voix merveilleuse serait aujourd'hui connue et respectée dans le monde entier si les Allemands ne l'avaient pas assassinée. Pour ma part, je me produisais souvent en duo avec Andrzej Goldfeder, obtenant un franc succès avec ma *Paraphrase sur la « Valse de Casanova »* de Ludomir Rozycki, dont le texte était dû à Wladyslaw Szengel. Ce dernier, un poète connu, intervenait chaque jour en compagnie de Leonid Fokczanski, du chanteur Andrzej Wlast, de l'humoriste Wacus l'Esthète et de Pola Braunowna dans un spectacle intitulé *Le Journal vivant*, une chronique acerbe de l'existence dans le ghetto qui foisonnait de piques audacieuses lancées aux occupants allemands. À ceux qui préféraient la table aux plaisirs de l'esprit, le bar proposait vins fins et délicieuses spécialités comme l'escalope de volaille ou le bœuf Strogonoff. Concerts et cuisine attiraient une grande affluence, si bien que je gagnais assez correctement ma vie à cette époque, de quoi subvenir à peu près aux besoins de notre foyer, où nous étions alors six.

En vérité, j'aurais vraiment apprécié mon travail au Sztuka, d'autant que j'y retrouvais nombre d'amis et que je pouvais bavarder pendant les pauses, si je n'avais pas eu la hantise du chemin de retour à la maison dans la soirée, une perspective qui suffisait à assombrir mes après-midi.

On était à l'hiver 41-42, une saison très rude dans le ghetto. Un océan de misère s'étendait autour des îlots constitués par la relative prospérité dont jouissait l'intelligentsia juive et par l'insolente opulence des spéculateurs. Déjà très affaiblis par la faim, les plus pauvres ne pouvaient se protéger du froid dans leurs appartements privés de chauffage et infestés par la vermine. Car les poux étaient omniprésents et rien ne semblait pouvoir les empêcher de se propager. Ils pullulaient dans les hardes des passants que vous croisiez sur les trottoirs, et donc dans les trams, dans les boutiques, dans les escaliers, et jusque sur les plafonds des bureaux administratifs, d'où ils se laissaient tomber sur vous au cours des multiples démarches qu'il fallait accomplir. Ils se glissaient entre les pages de votre journal, parmi la petite monnaie dans votre poche. Ils se collaient même à la croûte du pain que vous veniez d'acheter. Et chacune de ces immondes créatures était potentiellement porteuse du typhus.

Inévitable, l'épidémie a bientôt décimé le ghetto. Le typhus en est arrivé à emporter près de cinq mille habitants tous les mois. On ne parlait plus que de lui, chez les riches comme chez les pauvres — ces derniers pour se demander simplement quand ils allaient en être frappés à leur tour, les premiers pour tenter de mettre la main sur le fameux vaccin du Dr Weigel, qui les protégerait de la mort. Ce remarquable bactériologiste est vite devenu aussi célèbre qu'Hitler : le génie du bien contre celui du mal, pourrait-on dire. D'après une rumeur persistante, les Allemands l'avaient arrêté à Lemberg mais ils ne l'avaient pas tué, Dieu merci, lui offrant au contraire de devenir citoyen du Reich. On avait mis à sa disposition un magnifique laboratoire, une merveilleuse villa et une non moins merveilleuse automobile, après l'avoir évidemment placé sous la merveilleuse surveillance de la Gestapo afin de s'assurer qu'il ne prenne pas la poudre d'escampette au lieu de fabriquer à la chaîne des vaccins destinés à l'armée de l'Est, alors ravagée par les poux. Bien entendu, soutenait la même rumeur, le Dr Weigel avait refusé la villa et la voiture.

Jusqu'à ce jour, j'ignore ce qu'il y avait de véridique dans ces histoires. Ce que je sais seulement, c'est qu'il a existé, grâce au Ciel, et que, après avoir révélé le secret de son vaccin aux Allemands, perdant ainsi tout intérêt à leurs yeux, il a dû à quelque miracle de ne pas terminer dans la plus merveilleuse de leurs chambres à gaz. Quoi qu'il en soit, son invention et la vénalité nazie ont permis à nombre de Juifs de Varsovie d'échapper au typhus, même si cela devait être pour mourir d'autre façon peu après.

Moi-même, je n'ai pas été vacciné : vu l'état de mes finances, je n'aurais pu obtenir qu'une seule dose de sérum et je n'avais pas l'intention de me prévenir contre l'épidémie quand le reste de ma famille serait resté sous sa menace.

Le taux de mortalité était si élevé que le ghetto n'était pas en mesure d'enterrer ses morts assez vite. Mais comme il était exclu de les garder dans les maisons, une solution intermédiaire avait été trouvée : dépouillés de leurs vêtements – trop nécessaires aux vivants pour leur être laissés –, ils étaient abandonnés sur les trottoirs, enveloppés de papier journal. Là, ils attendaient souvent des jours entiers avant que les véhicules du Conseil passent les ramasser et les conduisent aux fosses communes du cimetière. C'étaient eux, ces cadavres égrenés par le typhus mais aussi par la famine, qui chaque soir transformaient en cauchemar mon chemin du café à la maison.

J'étais l'un des derniers à quitter l'établissement avec le gérant, une fois que les comptes de la journée avaient

83

été établis et que j'avais empoché mon dû. Les rues étaient plongées dans l'obscurité, presque désertes. Torche allumée en main, je prenais garde de ne pas trébucher sur les cadavres tandis que le vent glacial de janvier m'écorchait la figure ou me poussait en avant, froissant et soulevant leur linceul de papier, exposant ici et là des tibias desséchés, des ventres faméliques, des visages mangés par les dents nues, les yeux grands ouverts sur le néant.

La mort ne m'étant alors pas aussi familière qu'elle allait le devenir, je pressais le pas sous l'emprise de l'effroi et du dégoût, anxieux de retrouver les miens. Mère m'attendait avec un bol d'alcool distillé et des pincettes : toujours soucieuse de la santé de sa famille pendant cette épidémie, elle ne laissait aucun d'entre nous dépasser le seuil avant d'avoir retiré un à un les poux accrochés aux chapeaux, aux manteaux et aux vestes, et de les avoir noyés dans l'alcool.

Au printemps, ma plus grande familiarité avec Roman Kramsztyk me conduisait souvent à me rendre chez lui à la fin de mon travail. Il habitait rue Elektoralna et nous avions coutume de rester à discuter jusque tard dans la nuit. Il avait beaucoup de chance, Kramsztyk, puisqu'il disposait pour lui seul d'une minuscule chambre mansardée au dernier étage de l'immeuble. Il avait réuni là tous les trésors personnels qui n'avaient pas été pillés par les Allemands : un large canapé couvert d'un kilim, deux vieux fauteuils d'excellente facture, une petite et charmante commode Renaissance, un tapis persan, quelques vieux fusils, des tableaux et divers bibelots qu'il avait glanés au cours des années à travers l'Europe, tous d'un goût exquis, un véritable enchantement pour les yeux. J'aimais ces moments dans la douce lumière jaune de l'abat-jour qu'il avait lui-même confectionné à bavarder avec entrain en buvant du café noir. Parfois, si la nuit n'était pas encore tombée, nous allions sur la terrasse prendre l'air, bien plus pur là-haut que dans les rues poussiéreuses, étouffantes. Le couvre-feu étant proche, les gens commençaient à s'enfermer chez eux tandis que dans son déclin le soleil printanier teintait de rose les toits en zinc, que des nuées de pigeons blancs passaient dans l'azur et que, se jouant du mur, le parfum des lilas venu de l'Ogrod Saski (le jardin de Saxe) se glissait jusqu'à nous, les damnés.

C'était alors l'heure des enfants et des fous. Déjà, de notre perchoir, Roman et moi parcourions des yeux la rue à la recherche de celle que nous avions surnommée « la Dame aux plumes », une déséquilibrée étrangement parée : joues très fardées, sourcils d'un centimètre d'épaisseur tracés au khol d'une tempe à l'autre, un vieux rideau en velours émeraude drapé sur sa robe noire déchirée et une immense plume d'autruche mauve qui s'élevait à la verticale de son chapeau de paille et se balançait au rythme de ses pas, pressés mais mal assurés. En marchant, elle arrêtait presque tous les passants pour leur demander, avec un sourire poli, des nouvelles de son mari. Lequel avait été tué par les nazis sous ses yeux. « Excusez-moi, mais est-ce que vous n'auriez pas croisé Izaak Szerman, par hasard ? Un bel homme, grand, avec un collier de barbe gris ? » Elle guettait avec un regard plein d'attente la réponse, évidemment négative, et là un « Comment, non ? » plein de dépit fusait de sa bouche, la douleur déformait un instant ses traits avant de céder la place à un nouveau sourire aussi courtois que forcé. « Ah ! je vous demande pardon, pardon ! », lançait-elle avant de reprendre sa route en secouant la tête, partagée

85

entre la confusion d'avoir fait perdre son temps à un inconnu et la stupéfaction de constater qu'il ne connaissait pas son époux, Izaak, un être aussi séduisant, aussi délicieux…

C'était après ce moment de la soirée qu'un certain Rubinstein apparaissait également rue Elektoralna. Échevelé, débraillé, il brandissait une canne tout en sautillant et en gesticulant, sans cesser de fredonner, de chuchoter, de s'adresser des discours inaudibles. Il était très populaire, celui-ci. On savait qu'il arrivait dans l'autre sens dès que l'on entendait son inévitable cri de ralliement : « Te laisse pas abattre, mon gars ! » Sa mission consistait à remonter le moral aux autres en les faisant rire, et certainement ses excentricités, ses remarques cocasses, se répandaient comme une traînée de poudre à travers le ghetto, semant la bonne humeur derrière elles. L'une de ses spécialités était de s'approcher avec force contorsions et grimaces des soldats allemands en faction pour les invectiver copieusement : « Hé ! vous, bande de malfrats, gredins, chenapans ! », sans mentionner des qualificatifs carrément obscènes. Mais ils trouvaient son manège hilarant, eux, et ils allaient souvent jusqu'à lui jeter des cigarettes ou quelques piécettes en échange de ses insultes. Qui pouvait prendre au sérieux un toqué pareil, après tout ?

Je n'étais pas aussi persuadé de cela que les Allemands, moi. Encore maintenant, je me demande si, comme tant d'autres, il avait sombré dans la folie en raison des souffrances endurées ou s'il la simulait pour échapper à la mort, tout simplement. Non pas qu'il y ait réussi, d'ailleurs…

Les fous ignoraient le couvre-feu, donc. Cette contrainte n'avait aucun sens pour eux, pas plus que pour les enfants, ces spectres de gamins qui à cette heure surgissaient peu à peu des caves, des ruelles ou des porches où ils dormaient, aiguillonnés par un dernier espoir d'apitoyer les cœurs avant que la nuit ne vide les rues. Ils se campaient au pied des réverbères, contre les façades ou au milieu de la chaussée, le visage levé, et répétaient qu'ils avaient faim d'un ton geignard, monotone. Les plus doués pour la musique chantaient. Leurs voix faibles, fragiles, égrenaient la ballade du jeune soldat agonisant, abandonné par tous ses camarades sur le champ de bataille, et qui appelle sa mère, qui l'appelle, mais elle n'est pas là, elle est très loin et elle ne sait pas que son fils est en train de mourir. Alors c'est la terre qui, de ses arbres frémissants et de ses herbes parcourues par le vent, doit bercer le pauvre garçon jusqu'à ce qu'il trouve son repos éternel : « Dors vite, mon beau, dors bien, mon chéri… » Et une fleur tombée d'un cerisier sur sa poitrine sans vie sera sa seule croix du mérite.

D'autres tentaient d'en appeler à la conscience des passants, de les persuader : « On a tellement faim, tellement… On n'a rien mangé depuis des jours. Donnez-nous un quignon, rien qu'un quignon, ou si vous n'avez pas de pain au moins une pomme de terre, un oignon, juste de quoi tenir jusqu'à demain matin. » Mais cet oignon, cette pomme de terre, rares étaient ceux qui les possédaient, et même dans ce cas ils n'arrivaient pas à les retrouver dans leur cœur pour les céder aux petits mendiants, parce que la guerre avait mué leur cœur en pierre.

7

Le beau geste de Mme K.

Au début du printemps 1942, la chasse à l'homme qui avait été jusqu'alors systématiquement menée dans le ghetto s'est soudain arrêtée. Si cela ne s'était pas produit de la même manière deux années plus tôt, les gens en auraient été soulagés ; ils y auraient vu une raison de se réjouir, ils auraient caressé l'illusion que ce changement annonçait un avenir moins sombre. Mais là, après vingt-quatre mois de pratique quotidienne des Allemands, personne ne pouvait encore s'abuser : ils mettaient fin aux rafles tout simplement parce qu'ils avaient trouvé un meilleur moyen de nous tourmenter. La question était donc de savoir quelle nouvelle idée leur était venue. Aussitôt, les hypothèses les plus échevelées ont commencé à circuler, et c'est une anxiété accrue, non un retour au calme, qui a prévalu.

Certes, cela signifiait que nous pouvions à nouveau dormir tranquillement à la maison, Henryk et moi, au lieu d'aller nous réfugier dans le cabinet du chirurgien les nuits d'alerte. Cette cachette ne présentait en effet aucun confort : tandis que Henryk s'étendait sur la table d'opération, je somnolais dans le fauteuil d'examen gynécologique et au réveil, le lendemain matin, mes yeux tombaient sur les radiographies en train de sécher sur un fil au-dessus de moi, sur ces formes de cœurs malades, de poumons tuberculeux, de vessies irritées par les calculs ou d'os fracturés. Mais notre ami médecin qui était à la tête de cette consultation en partenariat avait dit juste lorsqu'il nous avait certifié que même pendant leurs traques nocturnes les plus obstinées les sbires de la Gestapo ne penseraient jamais à fouiller ces locaux, et que c'était donc là que nous étions le plus en sécurité.

L'apparente accalmie s'est terminée un vendredi de la fin avril. Ce jour-là, le ghetto a été pris d'une panique inattendue, sans motif discernable puisque personne n'était en mesure d'apporter une réponse précise lorsqu'on demandait pourquoi tout le monde était soudain envahi par la peur et le désespoir. En tout cas, cette énigmatique anxiété a vidé les rues : à midi, toutes les échoppes avaient fermé et les habitants s'étaient claquemurés chez eux.

Comme je ne savais pas ce que la direction du café avait décidé, je me suis rendu au Sztuka à l'heure habituelle, pour trouver porte close. En revenant à la maison, j'ai moi aussi éprouvé une appréhension grandissante, toutes les connaissances généralement bien informées que je consultais en chemin avouant leur ignorance. Impossible de comprendre ce qui se préparait.

Nous sommes restés debout jusqu'à onze heures du soir, sur le qui-vive, en vêtements de ville. Et puis, constatant que dehors tout était calme, nous avons décidé de nous mettre au lit, pratiquement convaincus que cet accès de peur avait été provoqué par des rumeurs infondées. Le lendemain, Père a été le premier à sortir. Il est vite revenu, livide d'inquiétude : pendant la nuit les

Allemands avaient ratissé un grand nombre d'immeubles voisins ; ils avaient traîné dehors plusieurs dizaines d'hommes, soixante-dix au moins d'après ses informations, et les avaient fusillés dans la rue. Leurs cadavres n'avaient même pas encore été emportés.

Quel sens pouvait avoir ce nouveau massacre ? Qu'avaient-ils fait aux Allemands, ces malheureux ? Nous étions horrifiés, et indignés.

La réponse n'est venue que l'après-midi, lorsque des affiches sont apparues un peu partout. Les autorités allemandes nous informaient qu'elles avaient été contraintes de « purger » notre quartier d'« éléments indésirables », mais que ces mesures ne concernaient pas la fraction loyaliste de la population. Ainsi, magasins et cafés devaient rouvrir immédiatement et la vie normale reprendre son cours puisqu'elle n'était pas menacée.

De fait, le mois suivant s'est écoulé tranquillement. Mai était arrivé ; même dans les rares petits jardins du ghetto les lilas fleurissaient çà et là, les acacias se couvraient de grappes de fleurs en bouton. Elles étaient sur le point de s'ouvrir quand les Allemands se sont souvenus de nous. Cette fois, pourtant, il y avait une différence. Ils n'avaient pas l'intention de s'occuper de nous directement, laissant la charge des rafles à la police et au Bureau du travail forcé du ghetto.

Quand il avait refusé d'entrer dans les forces policières juives, soutenant que c'était un repaire de bandits, Henryk avait eu entièrement raison. Les jeunes recrues étaient pour la plupart issues des milieux les plus aisés et plusieurs de nos relations en faisaient partie. Le choc n'en a donc été que plus grand lorsque nous avons vu ces hommes dont nous serrions jadis la main, que nous avions traités en amis et qui hier encore jouissaient d'une bonne réputation, se conduire désormais de façon aussi méprisable. On aurait dit que la mentalité gestapiste était devenue une seconde nature chez eux. Il suffisait qu'ils endossent leur uniforme et empoignent leur matraque en caoutchouc pour changer du tout au tout. Ils n'avaient plus d'autre ambition que de travailler avec la Gestapo, de complaire à ses officiers, de parader dans les rues avec eux, de faire montre de leur maîtrise de la langue allemande et de rivaliser avec leurs maîtres dès qu'il s'agissait d'accabler la population juive. Ce qui ne les avait pas empêchés de constituer un orchestre de jazz de la police, lequel, entre parenthèses, était d'excellent niveau...

Au cours des chasses à l'homme ce mois-là, ils ont opéré avec la froideur professionnelle de SS « purs Aryens », s'exhibant dans leurs élégants uniformes, lançant des ordres d'une voix brutale et tonitruante, copiée sur celle des Allemands, et matraquant tous ceux qui étaient à leur portée.

J'étais encore à la maison quand Mère est revenue en courant avec une mauvaise nouvelle : ils avaient raflé Henryk. J'ai résolu de le tirer de leurs griffes par tous les moyens, même si je ne pouvais compter que sur ma notoriété de pianiste et si mes propres papiers n'étaient pas en règle. J'ai dû franchir plusieurs cordons de police, interpellé chaque fois, avant de parvenir au siège du Bureau du travail. Des groupes d'hommes y arrivaient de toutes les directions, houspillés par des policiers jouant le rôle de chiens de troupeau. J'ai réussi péniblement à traverser cette masse humaine qui ne cessait de grossir pour aller trouver le directeur, qui m'a promis que Henryk serait de retour chez nous avant la nuit.

Il a en effet resurgi vers le soir. À ma grande surprise, toutefois, il était furieux contre moi : d'après lui, je n'aurais jamais dû m'abaisser à solliciter la bienveillance d'êtres aussi lâches que les policiers juifs ou les fonctionnaires du Bureau.

« Ah oui ? Tu aurais préféré qu'ils t'emmènent, alors ?

– Ce n'est pas ton affaire ! a-t-il grondé en retour. C'est moi qu'ils voulaient, pas toi ! Pourquoi venir t'en mêler ? »

Je me suis contenté de hausser les épaules. À quoi bon discuter avec pareil fou ?

Le même soir, nous avons appris que l'heure du couvre-feu serait repoussée à minuit afin de permettre aux familles des « personnes réquisitionnées en tant que main-d'œuvre » de leur apporter des couvertures, des sous-vêtements propres et des vivres dont les travailleurs forcés auraient besoin pendant leur voyage. La magnanimité des Allemands était vraiment touchante, n'est-ce pas ? Et la police juive s'est dépensée sans compter pour gagner notre confiance.

C'est bien plus tard seulement que j'ai appris que le millier d'hommes arrêtés dans le ghetto ce jour-là a été conduit droit au camp de Treblinka, et que les Allemands ont expérimenté avec eux les nouvelles chambres à gaz et les nouveaux fours crématoires qu'ils venaient d'y installer.

Il y a eu encore un mois paisible et puis soudain, un soir de juin, le sang a coulé dans le ghetto. Nous étions loin de nous attendre à ce que la mort s'abatte aussi près de nous.

Comme il faisait très chaud, nous avions fermé les persiennes de la grande pièce après souper, en laissant les fenêtres ouvertes à une brise rafraîchissante. L'automobile de la Gestapo est arrivée si vite dans la rue et les tirs de sommation se sont déclenchés si soudainement que les Allemands s'étaient déjà précipités dans l'immeuble d'en face le temps que nous bondissions derrière les volets pour voir ce qui se passait à travers les fentes. De l'autre côté de la rue nous parvenaient les aboiements des SS, des cris étouffés, le bruit de lourdes bottes gravissant les escaliers. Des visages épouvantés apparaissaient aux fenêtres sombres, ouvertes également, puis se perdaient à nouveau dans la pénombre. À mesure que les SS montaient, les lumières s'allumaient étage par étage. Juste en face de nous habitait la famille d'un homme d'affaires que nous croisions souvent dans le quartier. Là aussi, un flot de lumière a envahi la pièce et nous avons aperçu des soldats casqués se ruer à l'intérieur, pistolet automatique levé. Nos voisins étaient encore assis autour de la table, tout comme nous quelques instants auparavant, et sont restés à leur place, tétanisés d'effroi. Le sous-officier qui commandait le détachement a pris cela pour une insulte personnelle ; muet d'indignation, il est resté un moment à regarder la tablée avant de vociférer : « Debout ! »

Ils ont obtempéré aussi vite que possible. Tous, sauf le grand-père, un vieil homme que ses jambes ne portaient plus. Fou de rage, le sous-officier s'est avancé vers la table, a posé ses poings sur la table et a fixé l'infirme de ses yeux furibonds en répétant : « Debout, j'ai dit ! »

L'aïeul tentait vainement de se relever en pesant sur les bras de son fauteuil. Avant même que nous comprenions ce qu'ils allaient faire, les SS ont fondu sur lui, l'ont soulevé avec son siège, l'ont emporté sur le balcon et l'ont précipité dans la rue, du troisième étage.

Mère a poussé un cri en fermant les yeux. Père s'était reculé, chancelant, et Halina s'est empressée auprès de lui tandis que Regina passait un bras sur les épaules de Mère et lançait d'une voix forte, décidée : « Du calme ! »

Nous n'avions pu nous détacher de notre poste d'observation, Henryk et moi. Pendant une ou deux secondes, le grand-père est resté sur son fauteuil, comme suspendu dans les airs sous nos yeux horrifiés. Puis il a basculé en avant et nous avons entendu d'abord le siège se briser au sol, ensuite le bruit sourd d'un corps s'écrasant sur les pavés. Nous sommes restés là en silence, incapables de bouger ni de détourner notre regard de ce qui était en train de se passer de l'autre côté de la rue.

Entre-temps, en effet, les SS avaient raflé quelques douzaines d'hommes dans l'immeuble d'en face et les avaient conduits dehors. Là, ils ont allumé les phares de leur véhicule et ils ont regroupé leurs prisonniers dans les faisceaux de lumière. Ils ont démarré, forçant les hommes à courir devant eux. Il y a eu des cris déchirants venus du bâtiment, des rafales de mitraillettes sorties de la voiture. Sur la chaussée, les malheureux tombaient un à un tout en courant. Ils étaient soulevés de terre par les balles, tournaient sur eux-mêmes, partaient en culbute, comme si le passage de vie à trépas consistait en une succession de sauts extrêmement compliqués. Un seul d'entre eux avait réussi à esquiver le feu et à échapper aux phares. Il s'enfuyait à toutes jambes et nous avons pensé qu'il allait réussir à atteindre le prochain croisement. Mais le véhicule était muni d'un projecteur mobile, spécialement destiné à ce genre de cas. Il s'est soudain allumé, a cherché le fugitif. Une autre volée de balles a crépité et son tour est venu d'accomplir le saut mortel, les bras levés très haut tandis qu'il partait en arrière et retombait sur le dos.

L'automobile, où tous les SS avaient maintenant repris

place, s'est éloignée en passant sur les cadavres, cahotant légèrement chaque fois que ses roues rencontraient ces obstacles pas plus gênants que de simples ornières.

Cette nuit-là, au moins une centaine de personnes ont péri dans le ghetto et pourtant cette opération a paru moins traumatiser les gens que la précédente, puisque le lendemain boutiques et cafés ont ouvert leurs portes normalement.

Il est vrai que nous avions un nouveau sujet d'intérêt, maintenant : parmi leurs multiples activités diurnes, les Allemands s'étaient mis en tête de se transformer en cinéastes, ce qui ne manquait pas de nous intriguer. Par exemple, ils surgissaient dans un restaurant, ordonnaient aux serveurs de dresser une table avec des boissons et des mets recherchés, puis forçaient les clients à rire et à festoyer pendant qu'ils éternisaient ce moment sur la pellicule. Cette forme de distraction inédite les conduisait également à filmer des opérettes à la salle Femina de la rue Leszno, et le concert symphonique qui chaque semaine se déroulait dans ces locaux sous la direction de Marian Neuteich. Ou bien ils poussaient le président du Conseil juif à offrir une luxueuse réception à laquelle toutes les notabilités du ghetto étaient invitées, et là encore leurs caméras ne cessaient de tourner. Une fois, ils ont même conduit un troupeau de femmes et d'hommes aux bains publics, les ont forcés à se déshabiller et à se laver tous ensemble, et cette scène très étonnante a été filmée dans ses moindres détails.

Il m'a fallu beaucoup, beaucoup de temps pour découvrir que ces « documents » cinématographiques étaient destinés à la population allemande du Reich et aux pays sous domination nazie. Les Allemands les avaient réalisés avant de passer à la liquidation du ghetto afin d'avoir assez de mensonges à opposer à de troublantes rumeurs pour le cas où l'écho de leurs forfaits parviendrait jusqu'au reste du monde : de quoi montrer la bonne vie que menaient les Juifs de Varsovie, mais aussi la honteuse débauche dans laquelle ils se vautraient, grâce à ces images d'hommes et de femmes se dénudant côte à côte au bain public...

C'est à peu près vers cette époque que des bruits de plus en plus inquiétants ont commencé à circuler dans le ghetto avec une insistance et une régularité grandissantes, même s'ils ne s'appuyaient sur aucune preuve, comme d'habitude. Personne ne trouvait jamais leur source directe, ni la plus infime confirmation qu'ils étaient fondés sur une tangible réalité, et pourtant ils revenaient sans cesse. Un jour, par exemple, tout le monde s'est mis à parler de l'affreuse situation que connaissait désormais le ghetto de Lodz : contraints par les occupants à battre leur propre monnaie, les Juifs étaient en train de mourir de faim par milliers là-bas, personne d'autre ne voulant accepter leurs pièces de fer sans valeur. Certains prenaient ces informations très au sérieux alors que chez d'autres elles entraient par une oreille et ressortaient par l'autre. Après un moment, Lodz a été oublié pour Lublin et Tarnow, où les Juifs avaient apparemment été asphyxiés avec du gaz, affirmation tellement incroyable que personne ne voulait lui accorder vraiment crédit. Plus sérieuse paraissait la rumeur selon laquelle le nombre de ghettos juifs en Pologne allait être bientôt limité à quatre : Varsovie, Lublin, Cracovie et Radom. Et puis, pour changer, on a commencé à dire que les habitants du ghetto de Varsovie allaient être incessamment déplacés à l'est du pays, à la cadence de six mille personnes expulsées chaque jour.

D'aucuns certifiaient que cette mesure aurait dû entrer en application depuis longtemps mais que les dirigeants du Conseil juif, au cours d'une mystérieuse conférence avec la Gestapo, avaient réussi, sans doute en graissant la patte aux Allemands, à leur faire provisoirement oublier ce projet.

Le 18 juillet, un samedi, je donnais avec Andrzej Goldfeder un concert au Café Pod Fontanna (Près de la Fontaine) rue Leszno, dont les bénéfices devaient aller au célèbre pianiste Leon Borunski, qui avait remporté jadis le concours Chopin et vivait maintenant dans la misère à Otwock, rongé par la tuberculose. Le jardin de l'établissement avait été envahi par près de quatre cents personnes, beau monde et parvenus mélangés. Si l'on ne se souvenait pas d'une manifestation culturelle d'une telle ampleur depuis le début de la guerre, ce n'était pourtant pas ce sujet qui captivait l'attention de l'assistance, loin de là. Non, les élégantes de la bonne société et celles qui rêvaient d'en faire partie brûlaient seulement de découvrir si Mme L. allait enfin adresser la parole à Mme K.

Ces deux dames, figures de proue des associations charitables du ghetto, chaperonnaient les cercles qui s'étaient constitués dans les rues les plus aisées afin de venir en aide aux pauvres. Une activité des plus agréables puisqu'elle était prétexte à des bals fréquents où l'on dansait et buvait, les gains de ces soirées allant aux œuvres de bienfaisance.

La tension apparue entre elles avait été provoquée par un incident survenu au Café Sztuka quelques jours auparavant. Extrêmement jolies toutes les deux, chacune avec son type de beauté féminine, elles se détestaient cordialement et n'économisaient aucun effort pour détourner leurs admirateurs l'une de l'autre. Elles rivalisaient particulièrement quand il s'agissait de s'attirer les hommages de Maurycy Kon, propriétaire d'une compagnie ferroviaire et collaborateur de la Gestapo qui avait les traits harmonieux et expressifs d'un acteur de cinéma.

Ce soir-là, donc, les deux dames prenaient du bon temps au Sztuka. Environnées de leur cour de chevaliers servants, elles tentaient de s'éclipser mutuellement en commandant les cocktails les plus compliqués ou en attirant à leur table l'accordéoniste de l'orchestre de jazz pour qu'il leur joue les airs les plus à la mode. Mme L. avait été la première à quitter le café. Elle ignorait qu'une misérable femme s'était entre-temps effondrée sur le trottoir, morte d'inanition juste devant l'entrée du bar. Éblouie par le contraste entre les vives lumières de l'établissement et la pénombre de la rue, Mme L. avait trébuché sur le cadavre. En découvrant ce qui se trouvait à ses pieds, elle avait été prise de convulsions et personne n'avait pu la calmer. Mais Mme K., à qui on avait rapporté l'incident, était pour sa part bien décidée à garder ses esprits. En se présentant à son tour sur le seuil, elle avait poussé un petit glapissement suffoqué mais s'était aussitôt ressaisie et, comme sous l'impulsion irrésistible de la pitié, avait enjambé la morte en tirant cinq cents zlotys de son sac et en les tendant à Kon, qui la suivait de près. « Occupez-vous de cela pour moi, voulez-vous ? avait-elle minaudé. Veillez à ce qu'elle soit enterrée décemment. » Ce à quoi une des dames de sa suite avait réagi en murmurant assez fort pour que tout le monde l'entende : « Un ange, c'est un ange ! »

Depuis, Mme L. lui vouait une haine encore plus tenace. Le lendemain, elle l'avait publiquement traitée de « grue de bas étage » et elle avait proclamé qu'elle ne condescendrait plus jamais à lui parler. Et comme les deux précieuses étaient attendues au concert du Café Pod Fontanna la « jeunesse dorée » du ghetto guettait avec impatience ce qui allait se produire quand elles se retrouveraient nez à nez...

À l'entracte, je suis sorti fumer une cigarette sur le trottoir avec Goldfeder. Nous nous étions liés d'amitié, nous produisant en duo depuis un an déjà. À l'époque, ses chances de survie semblaient bien meilleures que les miennes et pourtant il a été le premier de nous deux à mourir. C'était un excellent pianiste, ainsi qu'un avocat réputé. Il avait suivi parallèlement et avec le même succès les cours du conservatoire de musique et ceux de la faculté de droit, mais sa très grande exigence envers lui-même l'ayant convaincu qu'il ne parviendrait jamais à la stature d'interprète de premier plan il s'était rabattu sur la carrière juridique et seuls les aléas de la guerre l'avaient conduit à se remettre au clavier.

Son intelligence, son charme et son élégance innée avaient fait de lui un des jeunes hommes les plus prisés de la capitale au temps où la paix régnait encore. Ensuite, il a réussi à s'évader du ghetto et à passer deux années caché chez l'écrivain Gabriel Karski. Et puis il a été abattu par les Allemands dans une petite ville proche de Varsovie en ruine, une semaine seulement avant l'entrée de l'armée Rouge en Pologne.

Donc nous fumions en bavardant, sentant notre fatigue se dissiper à chaque bouffée de cigarette. La journée avait été magnifique. Le soleil, qui venait de disparaître derrière les bâtiments, peignait encore d'écarlate les toits et les fenêtres des étages supérieurs. Les hirondelles filaient dans le ciel dont le bleu profond était en train de pâlir. Même les passants, peu nombreux à cette heure, paraissaient moins sales et abattus qu'à l'accoutumée sous cette lumière traversée de pourpre, de reflets azuréens et d'or mat.

En apercevant Roman Kramsztyk approcher du café, nous avons été tous deux remplis d'aise. Il fallait absolument qu'il assiste à la deuxième partie de notre concert. De plus, il m'avait promis d'exécuter mon portrait et je voulais me mettre d'accord avec lui à ce propos.

Nous n'avons pas pu le persuader d'entrer, cependant. Il paraissait hagard, hanté par de sombres pensées. Il venait juste d'apprendre d'une source très fiable que l'évacuation du ghetto était désormais imminente. Les unités d'extermination nazies se regroupaient déjà de l'autre côté du mur, prêtes à entrer en action.

8

Une fourmilière affolée

À cette époque, nous projetions Goldfeder et moi d'organiser un concert en matinée qui marquerait le premier anniversaire de la formation de notre duo. Il était prévu pour le samedi 25 juillet 1942, dans les jardins du Sztuka. Pleins d'optimisme et entièrement accaparés par ce projet que nous nous étions donné tant de mal à préparer, nous refusions tout bonnement l'idée qu'il puisse ne pas se tenir. Alors que si peu de temps nous en séparait, nous avons préféré croire que ces rumeurs allaient se révéler une nouvelle fois sans aucun fondement. Le 19 juillet, un dimanche, j'ai joué encore une fois en plein air, dans le patio d'un café de la rue Nowolipki, sans me douter un seul instant que ce serait mon dernier concert de l'ère du ghetto. Il y avait foule, certes, mais l'humeur générale était plutôt sombre.

Ensuite, je suis passé au Sztuka. Il était tard, les derniers clients étaient partis et il ne restait que le personnel qui s'affairait aux ultimes tâches de la journée. Je me suis assis un moment avec le directeur. Soucieux, abattu, il distribuait ses ordres sans conviction, comme pour la forme.

« Vous commencez déjà à préparer notre concert de samedi prochain ? » lui ai-je demandé.

Il ne m'aurait pas dévisagé avec plus de stupéfaction si j'avais été en train de délirer devant lui. Puis son expression est passée à une ironie compatissante : de toute évidence, avait-il conclu, j'ignorais les dernières péripéties qui venaient de faire basculer le sort du ghetto.

« Parce que… parce que vous croyez que nous serons encore de ce monde, samedi ? m'a-t-il interrogé en se penchant vers moi par-dessus la table.

— Mais oui, bien sûr ! »

Et là, comme si cette simple réponse venait d'ouvrir des perspectives inespérées et que cette promesse de salut ne dépendait que de moi, il m'a saisi la main et sa voix s'est soudain animée :

« Eh bien, dans ce cas, si nous sommes toujours en vie, vous pourrez commander le dîner que vous voudrez, samedi ! Offert par la maison ! Et aussi… Il a eu une brève hésitation avant de poursuivre, décidé à se montrer à la hauteur de la situation : Et aussi tout ce qu'il y a de mieux dans nos caves. Là encore, c'est moi qui régale, et à volonté ! »

D'après les rumeurs, l'opération de « réinstallation » des Juifs devait débuter cette nuit même. En constatant lundi matin qu'il ne s'était rien passé, les gens ont repris confiance : une fois encore, les bruits qui avaient circulé n'étaient certainement que des affabulations… Vers le soir, pourtant, un vent de panique a soufflé de nouveau. Il n'y avait plus aucun doute, désormais : l'évacuation forcée était imminente, et concernerait en premier lieu le Petit Ghetto. Des groupes chargés de ballots et de grosses malles, entraînant leurs enfants derrière eux, sont apparus un peu partout. Ils se hâtaient vers le pont que les Allemands avaient édifié au-dessus de la rue Chlodna afin de nous priver du dernier contact avec les quartiers aryens. Leur intention était de quitter la zone menacée avant le couvre-feu et de se réfugier dans le Grand Ghetto au plus vite. Conformément au fatalisme bien ancré dans la famille, nous avons choisi pour notre part de ne pas bouger. Plus tard, des voisins ont appris que le commandement de la police polonaise avait mis toutes ses forces en alerte : il se tramait donc quelque chose de vraiment grave. Incapable de trouver le sommeil avant quatre heures du matin, je suis resté aux aguets sur une chaise près d'une fenêtre ouverte. Cependant, cette nuit-là s'est également écoulée dans le calme.

Dans la matinée de mardi, je me suis rendu avec Goldfeder au service administratif du Conseil juif. Nous gardions en effet encore l'espoir d'une issue possible et nous voulions apprendre la version officielle du Conseil quant à ce que les Allemands prévoyaient pour le ghetto dans les prochains jours. Nous étions presque arrivés à destination lorsqu'une voiture décapotée nous a dépassés. À l'intérieur, livide, tête nue, nous avons reconnu le colonel Kon, le chef du département de la Santé du district. Il était entouré de gardes. Nombre d'autres fonctionnaires juifs étaient arrêtés au même moment, tandis qu'une nouvelle rafle était déclenchée dans les rues.

Le même jour, dans l'après-midi, tout Varsovie, d'un côté du mur comme de l'autre, s'est retrouvé en état de choc. Le Dr Raszeja, un chirurgien polonais qui excellait dans sa spécialité et enseignait à la faculté de médecine de Poznan, avait été appelé à réaliser une intervention particulièrement délicate dans le ghetto. Pour ce faire, il avait reçu un laissez-passer émis par le quartier général de la police allemande à Varsovie. Alors que l'opération chirurgicale venait pourtant de commencer, les SS avaient investi l'appartement où elle avait lieu. Ils avaient abattu le patient anasthésié, puis le chirurgien et toutes les autres personnes présentes.

Le mercredi, je suis sorti vers dix heures du matin. Dans les rues, la tension s'était quelque peu dissipée depuis la veille. Le bruit courait que les fonctionnaires du Conseil avaient été relâchés : d'un avis assez général, c'était la preuve que les Allemands n'avaient pas encore l'intention de nous expulser, puisque dans ce cas ils veilleraient à liquider tout d'abord les représentants juifs officiels. Nous tenions cela d'informations qui nous étaient parvenues du reste du pays, où des communautés juives bien moins nombreuses avaient déjà été déplacées depuis longtemps.

Il était onze heures quand je suis parvenu au pont de la rue Chlodna. Je marchais tellement perdu dans mes pensées que je n'ai pas tout de suite remarqué les gens arrêtés sur la passerelle. Ils pointaient tous du doigt dans une direction, avec de grands gestes, puis se sont dispersés rapidement. Je m'apprêtais à gravir les marches qui conduisaient à l'arche de bois quand un ami que j'avais perdu de vue ces derniers mois m'a retenu par le bras.

« Mais qu'est-ce que tu fais ici ? »

Il paraissait très agité. Pendant qu'il parlait, sa lèvre inférieure frémissait de manière comique, comme le museau d'un lapin.

« Retourne chez toi immédiatement !

— Quoi, qu'est-ce qu'il y a ?

— Ils entrent en action dans une heure !

— Impossible !

104

– Ah oui ? – Laissant échapper un rire sec, plein d'amertume, il m'a forcé à me tourner vers la balustrade et m'a montré la chaussée en contrebas. – Regarde, plutôt ! »

Mené par un sous-officier allemand, un détachement de soldats en uniforme jaune que je ne connaissais pas descendait la rue Chlodna. Tous les dix mètres environ, ils interrompaient leur marche et l'un d'eux se détachait du groupe pour aller se placer en faction au pied du mur qui entourait le ghetto.

« Des Ukrainiens ! a repris mon ami d'une voix proche du sanglot. Nous sommes cernés ! »

Sur ces mots, il s'est précipité dans l'escalier sans même un au revoir.

Vers midi, en effet, les troupes ont entrepris de ratisser les hospices de vieillards, les pensions d'anciens combattants et les asiles de nuit, soit tous les centres où avaient trouvé refuge les Juifs des provinces avoisinantes que les Allemands avaient conduits dans le ghetto, ainsi que nombre de ceux qu'ils avaient expulsés d'Allemagne, de Tchécoslovaquie, de Roumanie ou de Hongrie. Peu après, la ville a été couverte d'affiches annonçant le début de l'entreprise de « réinstallation ». Tous les Juifs aptes au travail partaient à l'est. Ils étaient autorisés à prendre vingt kilos de bagages par tête, des provisions de bouche pour deux jours… et leurs bijoux. Une fois arrivés à destination, ils seraient logés dans des baraquements et affectés aux usines allemandes locales. Seuls les cadres des institutions sociales juives et du Conseil du ghetto se voyaient exemptés. C'était la première fois qu'un décret de ce type n'était pas cosigné par le président du Conseil du ghetto ; au demeurant, Czerniakow venait de mettre fin à ses jours en avalant du cyanure.

Ainsi, l'inconcevable était arrivé, finalement. Tout un pan de Varsovie, une population de cinq cent mille âmes, allait être expulsé de la ville. Cela paraissait tellement absurde que personne ne pouvait y croire.

Les premiers jours, l'opération a été menée selon le principe de la loterie. Des immeubles étaient ratissés au hasard, tantôt dans le Grand Ghetto, tantôt dans le Petit. Sur un simple coup de sifflet, tous les habitants du bâtiment devaient se regrouper dans la cour puis s'entasser au plus vite dans des chariots tirés par des chevaux, sans distinction de sexe ni d'âge, des nourrissons jusqu'aux vieillards. Ils partaient à l'*Umschlagplatz,* le centre de rassemblement et de transit, montaient dans des wagons bondés et disparaissaient dans l'inconnu.

Au début, la mission a été confiée aux seuls policiers juifs, dirigés par trois sous-fifres des bourreaux nazis, le colonel Szerynski et les capitaines Lejkin et Ehrlich. Ils n'étaient pas moins dangereux et cruels que les Allemands, et peut-être plus encore. Quand ils découvraient des malheureux qui s'étaient cachés au lieu de descendre dans la cour comme les autres, ils étaient prompts à feindre de n'avoir rien vu, certes, mais seulement en échange d'argent. Ni les larmes, ni les supplications, ni même les cris terrorisés des enfants n'avaient d'effet sur eux.

Comme les magasins avaient été fermés et le ghetto privé d'approvisionnement, la disette s'est généralisée en quelques jours. Tout le monde en était affecté, cette fois, mais on n'y prêtait guère attention car il fallait maintenant se procurer plus important encore que les vivres : un certificat de travail.

Je ne vois qu'une image capable de donner une idée de notre existence pendant cette terrible période, et c'est celle d'une fourmilière qui s'affole. Qu'une brute se mette en tête de la piétiner de son talon clouté et les insectes vont s'agiter en tous sens, chercher une issue dans un désarroi grandissant, tenter de se préserver. Mais au lieu de s'éloigner en toute hâte ils retournent obstinément à l'intérieur, comme sous l'emprise d'un maléfice. Est-ce la panique provoquée par la soudaineté de l'attaque ? Est-ce parce qu'elles voudraient sauver leur progéniture, ou ce qu'elles ont de précieux ? En tout cas, les fourmis s'enferment dans les mêmes parcours éperdus, se font prendre par cet engrenage mortel et finissent par périr. Exactement comme nous.

Affreusement éprouvant pour nous, ce moment de la guerre donnait aux Allemands l'occasion de réaliser d'excellentes affaires. Leurs usines et ateliers ont poussé comme champignons après la pluie dans le ghetto, et chaque fois les patrons étaient tout disposés à signer des certificats de travail fictifs... contre quelques billets de mille, évidemment, mais l'ampleur de leurs appétits ne suffisait pas à décourager les gens. Il y avait donc des queues de solliciteurs un peu partout, qui prenaient des proportions vraiment considérables devant le siège des compagnies les plus importantes telles que Toebbens ou Schultz. Ceux qui avaient eu la chance d'obtenir le formulaire magique accrochaient au revers de leur manteau un petit papier indiquant le nom de la fabrique où ils étaient censés travailler. Ils pensaient que ce talisman leur épargnerait d'être envoyés à l'est.

J'aurais pu facilement me procurer un certificat, moi aussi, mais mon dilemme était le même que pour le vaccin contre le typhus : il n'aurait couvert que ma personne. Aucune de mes relations, malgré tout l'entregent dont elles pouvaient disposer, n'aurait seulement pensé partir à la recherche de documents pour chacun des membres de ma famille. Six certificats gratuits... C'était certes beaucoup demander ! De toute façon, je n'étais pas en mesure de payer même la somme la plus modique pour eux tous : je n'avais pas de revenus fixes et tout ce que je gagnais passait dans la soupe frugale que nous partagions. Quand l'opération nazie de fin juillet a été lancée, je n'avais qu'une poignée de zlotys en poche. Et j'étais d'autant plus mortifié par mon inefficacité lorsque je voyais mes amis les plus riches acheter aisément la sécurité de leurs proches. Négligé, non rasé, le ventre vide, sans souffler un instant du matin au soir, j'errais d'une compagnie à l'autre en suppliant les responsables de prendre pitié de nous. Au bout de six jours de ce régime, et après avoir fait jouer toutes les protections que je pouvais avoir, j'ai finalement réussi à rassembler tous les certificats dont nous avions besoin.

Si mes souvenirs sont exacts, c'est pendant la semaine précédant la grande rafle que j'ai croisé Roman Kramsztyk pour la dernière fois. Il était très amaigri, et dans un état de tension qu'il n'arrivait pas à dissimuler malgré ses efforts. Il a paru content de me voir, néanmoins.

« Quoi, tu n'es pas encore parti en tournée ? a-t-il voulu plaisanter.

— Non, ai-je répliqué laconiquement, car je n'étais pas d'humeur à ironiser, puis j'ai enchaîné sur la question qui revenait alors dans toutes les conversations : Alors, qu'est-ce que tu en penses ? Tu crois qu'ils vont nous déplacer tous ? »

Il a évité de répondre, s'exclamant à la place :

« Quelle tête tu as, mon vieux ! Son regard s'est adouci. Tu prends tout ça bien trop à cœur.

— Comment faire autrement ? » ai-je constaté avec un haussement d'épaules.

Il a souri, allumé une cigarette, et il est resté un moment silencieux avant de reprendre :

« Tu vas voir, un beau jour tout ça va se terminer parce que... Il a soulevé les bras, perplexe ... parce que ça n'a vraiment pas de sens, non ? »

Il s'exprimait avec une conviction à la fois burlesque et assez désespérée, comme si l'absurdité totale de ce qui nous arrivait était à elle seule la preuve que cela ne pourrait pas durer.

Mais ce n'est pas le cours qu'ont pris les choses, hélas ! Au contraire, tout n'a qu'empiré avec l'arrivée des miliciens de Lituanie et d'Ukraine les jours suivants. Ils étaient aussi corrompus que les policiers juifs, mais à leur manière : acceptant l'argent aussi volontiers que ces derniers, ils s'empressaient de liquider ceux qui venaient de les soudoyer. Ils aimaient tuer, d'ailleurs. Pour le sport ou pour se simplifier la tâche, pour s'exercer au tir ou simplement pour le plaisir. Ils abattaient les enfants devant leur mère car ils appréciaient le spectacle de ces femmes rendues folles de chagrin. Ils tiraient dans le ventre de simples passants afin de pouvoir contempler leur atroce agonie. Il arrivait à certains d'entre eux de placer leurs victimes en ligne, de s'écarter assez loin et de jeter des grenades à main sur elles, histoire de voir qui du groupe manifestait la plus grande précision.

Toute guerre fait émerger au sein des minorités nationales une fraction trop lâche pour se battre ouvertement, trop inconsistante pour jouer un quelconque rôle politique, mais assez veule pour se transformer en bourreaux stipendiés par l'une ou l'autre des puissances du conflit

Au cours de celle-ci, ce sont les fascistes ukrainiens et lituaniens qui ont occupé cette place.

Roman Kramsztyk a été l'un des premiers à tomber sous leurs balles lorsqu'ils ont commencé à prêter la main à l'opération de juillet. Son immeuble encerclé, il n'a pas voulu descendre dans la cour au coup de sifflet, préférant mourir chez lui, entouré de ses tableaux, quand ils ont écumé les étages.

C'est aussi à ce moment que Kon et Heller, ces deux magnats juifs qui collaboraient avec la Gestapo, ont été liquidés. Par excès de confiance, ou peut-être de ladrerie, ils ne graissaient la patte qu'à l'un des deux commandants SS à Varsovie et ils ont eu la malchance d'être capturés par les hommes placés sous les ordres de l'autre. Les autorisations de complaisance que Kon et Heller leur ont présentées n'ont fait qu'exciter encore plus leur haine puisqu'elles avaient été émises par l'unité SS rivale. Non contents de les abattre comme des chiens, ils ont fait venir deux tombereaux aux ordures et c'est ainsi, au milieu des immondices, que les deux nababs ont accompli leur dernier voyage jusqu'à la fosse commune.

Pour les Ukrainiens et les Lituaniens, les certificats de travail n'étaient que des bouts de papier sans valeur. Les six jours que j'avais passés à chercher les nôtres n'avaient été qu'une perte de temps. Je sentais bien qu'il fallait retrousser les manches, pour de bon. Mais comment s'y mettre ? Je n'avais plus le cœur à rien, passant désormais tout mon temps allongé sur mon lit à guetter les bruits qui montaient de la rue, et dès que j'entendais des roues cerclées de fer sur le macadam j'étais à nouveau envahi par la panique : les véhicules qui conduisaient les gens à l'*Umschlagplatz* ne quittaient pas toujours immédiatement le ghetto, l'un d'eux pouvait très bien s'arrêter devant notre immeuble au passage. D'un instant à l'autre, un coup de sifflet allait retentir dans la cour... Je ne cessais de me tourner et de me retourner, d'aller à la fenêtre, de revenir me coucher, de me relever encore d'un bond.

Chez nous, j'étais le seul à faire preuve d'une faiblesse aussi lamentable. Était-ce parce que j'étais accablé par le poids de ma responsabilité, estimant que je serais éventuellement le seul à pouvoir nous protéger grâce à ma notoriété de musicien ? Les autres, mes parents, mes sœurs, mon frère, étaient lucides : comme ils ne pouvaient rien face au danger, ils consacraient toute leur énergie à contrôler leurs émotions et à maintenir l'illusion de la normalité quotidienne, Père travaillant son violon toute la journée, Henryk se plongeant dans ses études, Regina et Halina lisant, Mère s'occupant de repriser nos vêtements.

Dans leur souci permanent de se simplifier la vie, les occupants nazis ont trouvé une nouvelle et lumineuse idée : par voie d'affiches, il a été annoncé que toutes les familles qui se rendraient de leur propre volonté à l'*Umschlagplatz* pour « émigrer » recevraient une miche de pain ainsi qu'un kilo de confiture par personne, et qu'elles ne courraient pas le risque d'être séparées. La réaction à ce décret a été massive. Un grand nombre d'habitants du ghetto ne demandaient qu'à saisir cette occasion, d'une part parce qu'ils avaient faim et de l'autre parce qu'ils souhaitaient au moins s'engager dans ce voyage incertain en restant avec leurs proches.

Alors que nous ne nous y attendions pas, mon ami Andrzej Goldfeder est venu à notre aide. Il avait la chance de pouvoir employer un certain nombre de personnes au dépôt situé près de l'*Umschlagplatz,* là où le

mobilier et les effets personnels des Juifs qui avaient déjà
« émigré » étaient triés. Il a réussi à y trouver une place
pour Henryk, pour mon père et pour moi, avec un
« logement de fonction » où nous avons été en mesure de
nous faire rejoindre par ma mère et mes sœurs, même si
elles ne travaillaient pas au dépôt. En fait, nous étions
cantonnés dans un immeuble transformé en foyer pour
les employés. L'ordinaire était… mieux que rien : nous
avions chacun une demi-miche de pain et un quart de
soupe par jour, ration qu'il fallait fractionner soigneusement pour tromper nos estomacs affamés.

C'est là que j'ai connu pour la première fois le travail
au service des Allemands. Du matin au soir, je déplaçais
meubles, miroirs, tapis, draps et couvertures, manteaux
et sous-vêtements, des objets qui appartenaient encore à
des anonymes quelques jours plus tôt, qui avaient défini
leur espace domestique et révélaient que leurs propriétaires avaient bon ou mauvais goût, qu'ils étaient riches
ou pauvres, généreux ou mesquins… Désormais, ils
n'étaient que des objets livrés à eux-mêmes, jetés négli-
gemment en tas, manipulés par des mains indifférentes.
De temps à autre, pourtant, quand je charriais une
brassée de linge fripé, il en montait soudain, avec la déli-
catesse d'une réminiscence, la trace subtile du parfum
favori de celle qui avait porté ces robes ; ou bien c'était
un monogramme coloré qui, en se détachant sur le tissu
blanc, attirait fortuitement mon regard. Mais en réalité
je n'avais pas le temps de m'abandonner à ces pensées :
il suffisait d'avoir l'air songeur, ou même distrait, pour
recevoir un coup de matraque ou de botte ferrée du policier en faction. Et on pouvait le payer de sa vie, également : ainsi de ces deux jeunes gens abattus sur place

parce qu'ils avaient eu le malheur de laisser échapper une grande glace de salon et qu'elle s'était brisée.

Le 2 août, tôt le matin, tous les Juifs du Petit Ghetto ont été sommés d'évacuer les lieux avant six heures du soir. J'ai juste eu le temps d'aller récupérer quelques vêtements et des couvertures à notre appartement de la rue Sliska, ainsi que mes compositions, le recueil d'articles consacrés à mes concerts et à mon œuvre musicale, et le violon de Père. Tout ce que nous possédions désormais s'est retrouvé dans une charrette à bras que je me suis escrimé à tirer jusqu'à notre nouvel abri.

Un peu plus tard, vers le 5 du même mois, je descendais la rue Gesia à la faveur d'une courte pause dans mon travail quand j'ai vu Janusz Korczak et ses orphelins quitter le ghetto.

L'évacuation des orphelinats créés par ce grand philanthrope venait d'être ordonnée et les Allemands entendaient que les enfants partent seuls. Korczak, qui avait déjà été assez fortuné pour rester en vie, avait réussi à les persuader de l'arrêter, lui aussi. Après avoir passé tant d'années avec ses petits protégés, il ne voulait pas les abandonner dans cet ultime voyage. Et comme il entendait leur rendre l'épreuve moins difficile il leur avait expliqué qu'il s'agissait d'une excursion à la campagne, qu'ils allaient enfin sortir des murs étouffants du ghetto pour découvrir des prairies en fleurs, des ruisseaux où ils pourraient se baigner, des bois remplis de groseilles et de champignons... Il leur avait recommandé de revêtir leurs plus beaux habits et c'est ainsi qu'ils sont apparus sous mes yeux, deux par deux, bien habillés et le cœur en fête.

La petite colonne était emmenée par un SS qui en bon Allemand aimait les enfants, même ceux qu'il conduisait

113

dans l'autre monde. Il avait été particulièrement charmé par un garçon d'une douzaine d'années, un jeune violoniste qui avait pris son instrument sous le bras. Il lui a demandé de se placer en tête de la procession et de jouer des airs entraînants. C'est de cette manière qu'ils se sont mis en route.

Lorsque je les ai croisés rue Gesia, les bambins ravis chantaient tous en chœur, accompagnés par le petit violoniste. Korczak portait deux des plus jeunes orphelins, lesquels rayonnaient aussi tandis qu'il leur racontait quelque conte merveilleux.

Je suis certain que même bien plus tard, au camp, lorsque le gaz zyklon B commençait à attaquer leurs poumons et qu'une terreur indicible succédait soudain à l'espoir, je suis certain que « Papy Docteur » a dû parvenir à leur murmurer, dans un dernier effort : « Tout va bien, les enfants, tout ira bien », et qu'il a au moins essayé d'épargner aux petits dont il avait la charge l'approche effrayante de la mort.

Notre tour est venu, finalement. C'était le 16 août 1942. Une sélection ayant été menée au dépôt où nous étions employés, seuls Henryk et Halina avaient été jugés aptes à continuer le travail. Père, Regina et moi avons été consignés dans notre logement. Peu après, l'immeuble a été encerclé. Il y a eu un coup de sifflet dans la cour…

Il était inutile de lutter, désormais. J'avais fait ce que j'avais pu pour sauver mes proches et moi-même, une entreprise clairement vouée à l'échec depuis le début. Peut-être Halina et Henryk allaient-ils connaître un sort meilleur que le nôtre ? C'était notre unique consolation.

UNE FOURMILIÈRE AFFOLÉE

Nous nous sommes habillés en hâte tandis que des voix brutales résonnaient en bas, nous sommant de nous dépêcher. Mère a rassemblé dans un petit baluchon les quelques affaires à portée de sa main et nous nous sommes engagés dans les escaliers.

9

L'*Umschlagplatz*

C'était, à la limite du ghetto, une esplanade desservie par des voies ferrées au milieu d'un réseau de ruelles sales. Malgré leur rébarbative apparence, ces lieux avaient vu passer bien des trésors avant la guerre. Des marchandises venues du monde entier avaient été débarquées sur ces quais, négociées ici même par des hommes d'affaires juifs et réparties dans les magasins de Varsovie après un court séjour dans les dépôts de la rue Nalewki ou du passage Simon. Ce que les Allemands avaient transformé en leur *Umschlagplatz* présentait la forme d'un immense ovale bordé en partie d'immeubles, en partie de grillages, et dans lequel les routes de livraison avaient convergé comme des ruisseaux vers un lac, établissant un lien nourricier avec la ville. Elles étaient maintenant bloquées par des portes et la place était devenue un centre d'enfermement pouvant contenir plus de huit mille personnes.

À notre arrivée, pourtant, il y avait encore peu de monde. Les gens allaient et venaient, cherchant vainement un point d'eau en cette chaude journée de la fin de l'été. Le ciel avait pris une nuance bleu-gris, comme s'il était en train de se consumer dans la fournaise réverbérée par le sol tassé et les façades éblouissantes. Le soleil, énorme boule de feu, exprimait les dernières gouttes de sueur des corps épuisés.

Il y avait un espace désert aux abords de l'une des rues désormais condamnées, que chacun évitait soigneusement d'approcher mais vers lequel les regards horrifiés ne cessaient de revenir. Des cadavres étaient allongés là. Ceux qui avaient été tués la veille pour avoir désobéi à un ordre ou à un autre, peut-être même pour avoir essayé de s'échapper. Des hommes, surtout, mais on voyait aussi une jeune femme et deux petites filles, toutes les trois avec le crâne affreusement ouvert. Le mur qui les surplombait portait des traces de sang et de matière cervicale séchée. Celles-là avaient été assassinées selon une méthode chère aux occupants nazis : tenues par les jambes et projetées la tête la première contre les briques. De grosses mouches noires s'affairaient sur les flaques sanguinolentes à terre et sur les corps qui semblaient enfler et pourrir à vue d'œil dans cette chaleur.

Nous nous étions installés pour attendre le train, Mère assise sur notre baluchon, Regina accroupie près d'elle, moi debout. Père faisait les cent pas, les mains dans le dos, quatre enjambées dans un sens, quatre dans l'autre. C'est seulement là, dans cette lumière aveuglante, le souci constant de trouver une issue à ma famille s'avérant désormais inutile, que j'ai pris le temps d'observer plus attentivement notre mère. Son apparence s'était dramatiquement altérée, même si elle semblait garder un grand calme. Sa chevelure jadis si belle, si bien entretenue, tombait en mèches livides et désordonnées sur ses traits creusés par l'anxiété ; ses yeux d'un noir intense étaient éteints ; de temps en temps, un tic nerveux parcourait son visage de la tempe gauche à la commissure des lèvres, une réaction que je ne lui avais jamais vue et qui prouvait à quel point elle était affectée par cet endroit. La tête dans les mains, Regina pleurait. Des larmes s'écoulaient entre ses doigts.

Des camions ne cessaient de venir s'arrêter devant les portes de l'*Umschlagplatz*, débarquant leur cargaison humaine qui était aussitôt conduite à l'intérieur. Les nouveaux arrivants ne dissimulaient pas leur désespoir, les hommes s'interpellant avec des voix agitées, les femmes et les enfants qui étaient séparés d'eux les appelant avec des cris étranglés, des sanglots convulsifs. Très vite, cependant, l'accablement qui pesait comme une chape de plomb sur l'esplanade a commencé à les envahir et ils ont basculé dans le même silence hébété, parfois troublé par un accès de panique lorsqu'il prenait l'envie à un SS d'abattre au passage quelqu'un qui ne s'était pas écarté de son chemin assez rapidement, ou sans manifester une humilité suffisante.

Une jeune femme était assise sur le sol non loin de nous, la robe déchirée, les cheveux en désordre, comme si elle s'était battue peu de temps avant. Mais elle était plutôt calme maintenant, le visage figé, les yeux perdus dans le vide, sa main grande ouverte sur sa gorge qu'elle serrait en répétant de temps à autre dans une monotone litanie : « Pourquoi j'ai fait ça ? Pourquoi j'ai fait ça ? » Près d'elle, un homme du même âge, certainement son mari, tentait de la calmer en lui parlant à voix basse, sans qu'elle ne paraisse en avoir conscience.

Parmi le flot humain qui avait commencé à se déverser sur l'esplanade, il y avait nombre d'amis ou de relations qui s'approchaient pour nous saluer. Par la force de l'habitude, ils se forçaient à engager un semblant de conversation, mais ces tentatives tournaient court et ils s'éloignaient, préférant être seuls dans leur lutte contre le désespoir.

Plus le soleil montait, inflexible, plus nous étions tenaillés par la faim et la soif. Le soir précédent, nous avions fini la soupe et le pain qui nous restaient. Au bout d'un moment, ne pouvant plus tenir en place, je me suis décidé à aller marcher un peu.

L'enceinte ne cessait de se remplir. À chaque pas, je devais contourner des groupes de gens, debout ou assis. Les discussions tournaient toutes autour de la même question : quelle était notre réelle destination ? Était-ce vraiment pour travailler que nous allions être déplacés, ainsi que la police juive avait voulu nous en persuader ?

J'ai aperçu des vieillards étendus dans un coin, des hommes et des femmes qui avaient sans doute été raflés dans un hospice. D'une maigreur affreuse, ils paraissaient à bout de forces, consumés par la chaleur et les privations. Certains avaient les yeux fermés et gardaient une telle rigidité qu'on se demandait s'ils étaient encore en vie ou seulement mourants. Si nous étions réellement évacués en tant que force de travail, comment expliquer leur présence ici, avec nous ?

Des femmes avec leur bébé dans les bras se traînaient de groupe en groupe, quémandant quelques gouttes d'eau. C'était bien sûr à dessein que les Allemands avaient coupé l'alimentation en eau de l'*Umschlagplatz*. Les petits avaient déjà un regard mort sur lequel leurs paupières se fermaient à leur insu. Somnolents, hagards, ils ouvraient et fermaient leur bouche desséchée comme des poissons de taille trop modeste abandonnés sur la rive par les pêcheurs.

Quand j'ai rejoint mes proches, ils avaient de la compagnie : une amie de ma mère s'était assise auprès d'elle et son mari, jadis directeur d'un magasin important, avait formé avec mon père et une autre de leurs connaissances un cercle de discussion dont je me suis approché. Alors que le négociant paraissait assez optimiste, le troisième, un dentiste qui avait exercé non loin de chez nous, rue Sliska, portait un regard des plus noirs sur notre situation. D'une voix indignée, empreinte d'amertume, il s'est exclamé :

« C'est une honte pour nous tous ! Nous les **laissons** nous conduire à la tuerie comme des moutons à l'**abattoir** ! Si nous attaquions les Allemands, le demi-million que nous sommes, nous pourrions nous libérer du ghetto, ou en tout cas mourir dignement au lieu de laisser une page aussi honteuse dans l'Histoire ! »

Père l'écoutait, d'un air assez embarrassé mais avec un sourire compréhensif. Réprimant un imperceptible mouvement de lassitude, il a remarqué :

« Comment êtes-vous si sûr qu'ils nous envoient à la mort ? »

En se tordant les mains, le dentiste a répliqué avec nervosité :

« Je n'en suis pas absolument certain, évidemment ! Comment le pourrais-je ? Vous croyez peut-être qu'ils nous le diraient ? Mais il y a quatre-vingt-dix chances sur cent qu'ils ont l'intention de tous nous liquider, croyez-moi ! »

Père a eu un nouveau sourire, comme si cette réponse venait le confirmer dans ses convictions.

« Regardez ! lui a-t-il demandé en désignant d'un geste la foule sur l'esplanade : nous ne sommes pas des héros, nous, mais des gens tout ce qu'il y a d'ordinaire !

Et c'est pourquoi nous préférons prendre le risque de garder l'espoir même dans ces dix pour cent de chances que nous avons de survivre. »

L'ancien directeur approuvait du chef. Il était lui aussi en complet désaccord avec le dentiste. Les Allemands ne pouvaient pas être assez stupides pour dilapider l'énorme force de travail que les Juifs représentaient potentiellement. D'après lui, nous étions destinés à des usines, à de grands chantiers où la discipline serait de fer, sans doute, mais non à la mort.

Pendant ce temps, son épouse racontait à Mère et à Regina comment elle avait dissimulé son argenterie dans un mur de leur cave. Il s'agissait de très belles pièces de grande valeur, leur expliquait-elle, et elle espérait bien les retrouver à leur place à son retour de déportation.

Quelques heures plus tard, nous avons vu une nouvelle masse d'évacués se présenter sur l'esplanade. Stupéfaits, atterrés, nous avons aperçu Halina et Henryk parmi eux. Ainsi, ils allaient devoir partager notre sort, également, quand cela avait été un tel réconfort de les croire en sécurité, eux au moins…

Je me suis avancé en hâte vers mon frère. Convaincu que c'était sa stupide intransigeance qui les avait conduits à échouer là, je l'ai assailli de questions et de reproches avant de lui laisser le temps de s'expliquer. Il n'aurait pas daigné me répondre, de toute façon. Sans un mot, il a haussé les épaules, a sorti de sa poche une petite édition oxfordienne de Shakespeare, s'est installé un peu en retrait de nous et s'est plongé dans sa lecture.

C'est donc Halina qui nous a narré ce qui s'était passé : ayant appris au dépôt que nous avions été conduits à l'*Umschlagplatz*, ils s'étaient tout simplement portés volontaires pour partir aussi, parce qu'ils entendaient rester avec nous.

Quelle bêtise ! Comment s'étaient-ils laissé emporter par leurs émotions de cette manière ? Aussitôt, j'ai résolu de tout faire pour les tirer de là au plus vite. Ils n'étaient même pas sur la liste des évacués, après tout ! Ils devaient pouvoir rester à Varsovie.

Il se trouve que le policier juif qui les avait escortés me connaissait, étant un habitué du café Sztuka. J'ai pensé que je serais en mesure de l'attendrir facilement, d'autant que mon frère et ma deuxième sœur n'avaient aucune raison officielle d'être là. Je me trompais, malheureusement. Il n'a pas voulu entendre parler de les laisser repartir. Comme tous ses semblables, il avait l'obligation de livrer au moins cinq personnes par jour à l'*Umschlagplatz,* au risque d'être lui-même déporté s'il ne remplissait pas ce quota. Avec Halina et Henryk, il avait le compte et il ne se sentait pas du tout d'attaque pour se remettre en chasse de deux remplaçants Dieu sait où... D'après lui, cette mission était de plus en plus pénible à accomplir car les gens se cachaient maintenant au lieu de répondre aux coups de sifflet. Et d'ailleurs il était écœuré par tout cela.

Je suis revenu à mon groupe les mains vides, très abattu. Même cette dernière tentative de sauver au moins deux d'entre nous avait échoué à l'instar de toutes les précédentes. Je me suis assis à côté de Mère, la tête basse.

Il était dix-sept heures, mais la chaleur restait intense et la foule continuait à grossir sans arrêt. Séparées dans la cohue, nombre de familles se cherchaient à grands cris. Des rues voisines nous parvenaient le bruit des tirs et les hurlements qui prouvaient qu'une nouvelle rafle était en cours. La tension ne cessait de grandir dans l'attente du train que des rumeurs disaient sur le point d'arriver.

Plus que tout le reste, nos nerfs étaient particulièrement éprouvés par la sempiternelle question de la jeune inconnue près de nous : « Pourquoi j'ai fait ça ? » Nous avions appris à quoi elle faisait allusion, entre-temps, grâce à notre ami le négociant qui avait mené une rapide enquête : au moment où leur immeuble était évacué, elle s'était jetée avec son mari et leur nourrisson dans une cachette qu'ils avaient préparée. Au moment où les policiers passaient de l'autre côté de la cloison, le bébé s'était mis à pleurer. Folle de peur, la jeune mère l'avait étouffé de ses propres mains. Hélas ! cela n'avait servi à rien : ses plaintes puis ses râles n'avaient pas échappé aux sbires, qui avaient fini par les découvrir.

À un moment, un garçon est arrivé vers nous en se frayant un chemin dans la foule. Il avait une boîte de bonbons accrochée au cou par une ficelle et les proposait à un prix absurde, quand bien même on se demandait ce qu'il pensait faire de tout cet argent par la suite… En réunissant nos dernières petites pièces, nous n'avons pu lui acheter qu'un seul caramel à la crème. Père l'a découpé en six parts avec son couteau de poche. C'est le dernier repas que nous avons pris tous ensemble.

Une heure plus tard, la nervosité est encore montée d'un cran avec l'arrivée de plusieurs automobiles allemandes. Les policiers qui en sont descendus ont entrepris d'inspecter la foule en choisissant les plus jeunes et les plus solides. Ces heureux élus étaient à l'évidence destinés à un meilleur sort, en ont conclu les gens, et aussitôt des milliers d'entre eux ont cherché à se rapprocher de la sélection en hurlant et en jouant des coudes pour être remarqués par les Allemands. Lesquels ont répondu en tirant en l'air. Le dentiste, qui était resté près de nous, était suffoqué par l'indignation. Il a pris violemment mon père à partie, comme si toute cette confusion était de sa faute :

« Alors, maintenant vous me croyez quand je dis qu'ils vont tous nous tuer ? Vous me croyez ? Ceux qui sont aptes au travail vont rester ici. Et là-bas… là-bas c'est la mort qui nous attend… »

Sa voix s'est brisée dans ses efforts pour se faire entendre malgré les cris. Son doigt est resté tendu dans la direction où le convoi allait s'ébranler tout à l'heure.

Père n'a pas répondu : il était trop démoralisé. Le directeur du magasin, pour sa part, s'est autorisé un petit sourire ironique. Il restait plein de confiance, lui, estimant que la sélection de quelques centaines d'individus n'avait aucune signification particulière.

Ayant regroupé ceux dont ils avaient besoin, les Allemands ont fini par repartir mais l'agitation ne s'est pas pour autant calmée. Peu après, nous avons entendu une locomotive siffler au loin, puis le bruit des roues se rapprochant peu à peu sur les rails. Quelques minutes encore et le train est apparu. Plus d'une douzaine de wagons à bestiaux ou de marchandises approchaient. La brise du soir, qui soufflait dans le même sens, nous portait une odeur de chlore suffocante.

Au même instant, le cordon de policiers juifs et de SS déployé autour de l'esplanade a entrepris d'avancer en se resserrant vers le centre. Ils tiraient en l'air pour nous effrayer, à nouveau. Les gémissements des femmes et les pleurs des enfants ont redoublé.

Nous nous sommes préparés au départ. Pourquoi attendre encore ? Mieux valait trouver une place rapidement. À quelques pas du train, les gardes avaient établi un large corridor qui laissait la foule s'écouler vers le convoi.

Le temps que nous nous rapprochions un peu, les premiers wagons étaient déjà pleins, mais les SS continuaient à pousser les gens à l'intérieur avec la crosse de leur fusil, insensibles aux cris de douleur qui montaient du fond. Même hors du train, l'odeur de chlore gênait la respiration, alors dans cette cohue... Qu'avait-il pu se passer là-dedans pour avoir nécessité une quantité de désinfectant aussi massive ?

Nous étions environ à mi-chemin de la voie lorsque j'ai entendu soudain crier : « Hé ! Szpilman, par ici, par ici ! » Quelqu'un m'a attrapé par le collet et m'a tiré sans ménagement de l'autre côté du cordon de policiers.

Qui avait osé ? Je ne voulais pas être séparé de ma famille. Je voulais rester avec eux !

Le dos des gardes serrés les uns contre les autres me bouchait la vue. Je me suis élancé en avant mais ils n'ont pas bougé de leur place. Par-dessus leurs épaules, j'ai entrevu Mère et Regina, que Henryk et Halina étaient en train d'aider à se hisser péniblement dans un wagon. Père restait un peu en arrière, me cherchant des yeux.

« Papa ! »

Il m'a aperçu, a fait deux ou trois pas dans ma direction et s'est arrêté. Très pâle, il hésitait. Puis ses lèvres tremblantes ont formé un sourire navré, il a levé une main et m'a fait un signe d'adieu, comme si j'étais revenu dans le fleuve de la vie et qu'il prenait congé de moi de l'autre côté de la tombe. Il a tourné les talons.

Je me suis encore jeté de toutes mes forces contre les policiers.

« Papa ! Henryk ! Halina ! »

C'étaient les cris d'un possédé. Je ne pouvais

125

supporter l'idée d'être éloigné d'eux à un moment aussi terrible, la perspective d'être séparé d'eux à jamais.

L'un des gardes s'est retourné et m'a lancé un regard furibond :

« Mais qu'est-ce que tu fiches, toi ? Va-t'en, sauve ta peau ! »

Me sauver ? de quoi ? En un éclair, j'ai compris ce qui attendait la foule entassée dans les wagons et mes cheveux se sont dressés sur ma tête.

J'ai regardé derrière moi. L'esplanade presque vide maintenant, les voies ferrés et là-bas les rues, la ville… Aiguillonné par une peur animale, j'ai couru d'instinct dans ce sens. J'ai pu passer une des portes sans encombre car je m'étais glissé dans une colonne d'ouvriers du Conseil juif qui sortaient juste à ce moment.

Quand j'ai retrouvé une certaine lucidité, j'étais dans une artère inconnue, au pied d'un immeuble. Un SS a surgi sur le perron, accompagné d'un policier juif. Il avait une expression impassible, d'un calme arrogant, alors que l'autre rampait devant lui, empestait le désir de plaire. Il a tendu un doigt vers le train arrêté sur l'*Umschlagplatz* et, d'un ton sarcastique, empressé d'établir une relation de camaraderie : « Tiens, regarde, ils partent griller ! »

J'ai suivi son regard. Les wagons avaient été fermés. Le convoi s'ébranlait lentement, pesamment.

J'ai pivoté sur moi-même et je suis parti en chancelant devant moi, dans la rue déserte, secoué de sanglots, poursuivi par les cris étouffés de tous ces êtres enfermés dans le train. On aurait cru le pépiement oppressé d'oiseaux en cage qui sentent un danger mortel fondre sur eux.

10

Un sursis

Je marchais, je marchais tout droit, sans même me demander où aller. L'*Umschlagplatz* et le train qui avait emporté ma famille étaient loin derrière moi. Le bruit des roues sur les rails s'était déjà éteint, elles étaient à plusieurs kilomètres de la ville désormais et pourtant je les sentais encore tourner en moi. Chaque pas m'entraînait un peu plus dans ma solitude, dans la conscience très aiguë d'avoir été irrémédiablement arraché à ce qui jusqu'alors avait été ma vie. Je ne savais pas ce qui m'attendait, sinon que ce serait pire que tout ce que je pouvais imaginer. Il était exclu de retourner au logement que ma famille et moi avions occupé les derniers temps car les SS m'abattraient sur place ou me renverraient au centre de sélection en se disant que j'avais été oublié là par erreur. Je n'avais pas idée d'où je pourrais passer la nuit et à cet instant je m'en souciais peu, même si les ombres du crépuscule commençaient à éveiller une sourde angoisse dans mon inconscient.

La rue était morte, apparemment. Les portes étaient fermées, ou au contraire béantes là où les immeubles avaient déjà été vidés de leurs habitants. Soudain, un policier juif est arrivé dans l'autre sens. Je ne lui aurais pas prêté attention s'il n'avait pas pilé sur place en s'exclamant : « Wladek ! » Comme je m'arrêtais, moi aussi, il a ajouté d'un ton surpris : « Mais qu'est-ce que tu fais là, à pareille heure ? »

Ce n'est qu'à cet instant que je l'ai reconnu : une vague relation à moi que nous évitions soigneusement, dans ma famille, jugeant qu'il était de moralité douteuse. Il arrivait toujours à se tirer des mauvais pas, à retomber sur ses pieds grâce à des méthodes que d'autres auraient trouvées plus que discutables. Sa piètre réputation avait été complète lorsqu'il était entré dans la police du ghetto.

C'est d'abord tout cela qui m'est passé dans la tête en le voyant avec son uniforme infamant, et puis je me suis brusquement rendu compte qu'il était une connaissance, la seule sans doute qui me soit restée à Varsovie et en tout cas quelqu'un qui était lié, même en négatif, au souvenir de mes proches.

« Voilà, c'est que… »

Je voulais lui expliquer que mes parents, mes sœurs et mon frère venaient d'être emmenés, mais les mots ne sortaient plus de ma gorge. Il a immédiatement compris, cependant, et m'a pris par le bras :

« C'est peut-être mieux comme ça, a-t-il chuchoté d'un air résigné. Le plus tôt sera le mieux, vraiment. Parce que c'est ce qui nous attend tous, nous autres… Après un silence, il a repris : Bon, tu viens chez nous, n'est-ce pas ? Ça nous remontera un peu le moral à tous. »

J'ai accepté et j'ai passé cette première nuit sous leur toit.

Le lendemain matin, je suis allé voir Mieczyslaw Lichtenbaum, le fils du nouveau président du Conseil juif,

Wladyslaw Szpilman :
cette photographie d'identité a été prise en 1942.
e 1939 à 1945, il aura survécu au ghetto, puis, errant de cachette en cachette,
à l'insurrection de Varsovie et à la destruction de la ville en 1944.
Après la guerre, on l'appelait « le Robinson Crusoë de Varsovie ».

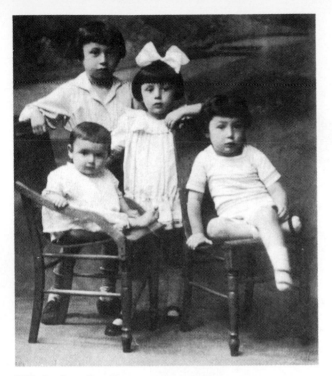

Wladyslaw Szpilman avec ses deux sœurs,
Halina et Regina, et son frère Henryk, vers 1914.

Wladyslaw Szpilman
avec ses parents, vers 1935.
Il sera le seul à survivre
à la guerre.

Dans les studios de la radio polonaise. C'est à ce piano qu'il interprétera
le *Nocturne en ut dièse mineur* de Chopin, au cours de la dernière émission
avant que la radio soit réduite au silence par les bombes allemandes.

Affiche pour les concerts
au Café Sztuka, ghetto
de Varsovie, 1942.
C'est là que se retrouvait
ce qui restait
de l'intelligentsia juive
polonaise, à l'« heure
des enfants et des fous ».

Un Juste : Wilm Hosenfeld en 1944. Avant de disparaître
dans les camps soviétiques à la fin de la guerre, il aura sauvé
des dizaines de vies, dont celle de Wladyslaw Szpilman.

que j'avais maintes fois croisé à l'époque où je me produisais dans les cafés du ghetto. Il a émis l'idée que je pourrais jouer au casino des unités d'extermination nazies, là où les officiers SS et de la Gestapo venaient se détendre le soir après s'être fatigués toute la journée à assassiner des Juifs, servis à table par des Juifs qui connaîtraient tôt ou tard le même sort. Je ne pouvais bien évidemment pas accepter cette proposition, ce qui dépassait l'entendement de Lichtenbaum. Très froissé par mon refus, et sans plus ample discussion, il m'a fait inscrire sur le rôle des ouvriers chargés de la démolition de l'enceinte de l'ancien Grand Ghetto puisque ce quartier allait être réintégré à la ville « aryenne ». Et c'est ainsi que, le jour suivant, je suis sorti de la zone juive de Varsovie pour la première fois en deux années.

C'était une belle et chaude journée, vers le 20 août. La canicule se poursuivait depuis des semaines, comme au cours de ces dernières heures passées avec ma famille à l'*Umschlagplatz.* Nous sommes partis en colonne, à quatre par rangée, encadrés par des contremaîtres juifs et gardés par deux SS. Nous avons fait halte place Zelazna Brama et… Alors il y avait encore un endroit au monde où l'on vivait ainsi ! Devant la halle du marché, pour l'instant fermé et que les Allemands se disposaient visiblement à transformer en un complexe de magasins, des marchands à la criée avaient ouvert leurs bourriches. Sous les vifs rayons du soleil, fruits et légumes luisaient de toutes leurs couleurs, les écailles des poissons étincelaient, les couvercles en fer des conserves miroitaient. Les femmes passaient d'un étal à l'autre, discutaient les prix, emplissaient leur cabas et repartaient vers le centre-ville pendant que les changeurs répétaient inlassablement leur appel : « De l'or, achetez de l'or ! Dollars, roubles ! Achetez ! »

Il y a eu des coups de klaxon insistants et bientôt la masse vert-de-gris d'un véhicule de la police s'est profilée dans une rue adjacente. Dans l'affolement, camelots et trafiquants ont rassemblé leurs affaires. D'un coup, cette place si tranquille a basculé dans un chaos indescriptible, chacun bousculant son voisin pour s'enfuir au plus vite. Même ici, donc, tout n'était pas aussi idyllique qu'en apparence…

Nous nous efforcions d'avancer le plus lentement possible dans la démolition du mur afin de garder cet emploi assez longtemps. Les chefs de chantier juifs ne nous houspillaient pas et les SS se comportaient avec plus de retenue que dans le ghetto : ils restaient en retrait, très occupés à bavarder ensemble et à regarder partout.

Dès que le fourgon de police a disparu, les marchands ont repris leur poste et le calme est revenu. Mes compagnons interrompaient à tour de rôle leur travail pour aller faire leurs emplettes, qu'ils rangeaient ensuite dans les sacs qu'ils avaient apportés avec eux, ou dans la ceinture de leur pantalon, ou dans leurs poches. Moi qui n'avais pas une seule pièce devant moi, je devais me contenter de les observer tandis que la faim me donnait des vertiges.

Un couple qui venait d'Ogrod Saski est passé près de nous, tous deux âgés d'une vingtaine d'années et habillés avec recherche. La jeune femme était si ravissante que je ne pouvais détacher mes yeux d'elle. Un sourire sur ses lèvres fardées, elle ondulait légèrement des hanches en marchant et dans le soleil ses cheveux blonds formaient un halo doré autour de son charmant visage. En nous voyant, elle a ralenti le pas et s'est écriée :

« Regarde ! Oh ! mais regarde !

Interloqué, son compagnon lui a lancé un regard perplexe.

— Des Juifs !

Il a paru encore plus étonné.

— Et alors ? Tu n'en avais jamais vu, avant ? »

Son sourire a pris une nuance gênée. Elle s'est serrée contre son cavalier et ils sont repartis vers le marché.

Cet après-midi-là, j'ai pu emprunter à l'un de mes camarades de travail cinquante zlotys que j'ai dépensés en pain et en pommes de terre. Je me suis contraint à n'avaler qu'une portion de la miche et, le soir venu, j'ai rapporté tout le reste dans le ghetto, ce qui m'a permis de réaliser la première transaction commerciale de ma vie : alors que j'avais payé le pain vingt zlotys, j'en ai touché cinquante en le revendant là-bas ; les légumes, acquis trois zlotys le kilo, m'en ont rapporté dix-huit. Jamais je n'avais eu autant à manger depuis ce qui m'avait paru des siècles, et en plus je détenais un petit capital qui me permettrait de faire des courses le lendemain.

Nos journées de travail étaient fort monotones, en vérité. Nous quittions le ghetto aux premières lueurs du jour, puis nous restions plantés autour d'un tas de briques en feignant de nous activer jusqu'à cinq heures de l'après-midi. Mes compagnons occupaient leur temps avec toutes sortes de négoces, se demandant sans cesse quels vivres acheter, comment les rapporter clandestinement dans le ghetto et quels profits en retirer ensuite. Moi, je limitais mes achats et la revente à ce qu'il me fallait pour survivre. Il faut dire que mes pensées étaient accaparées par le sort de mes proches : où étaient-ils,

maintenant ? Dans quel camp avaient-ils été conduits ?
Quelle pouvait être leur existence là-bas ?

Un vieil ami à moi est passé là où nous travaillions, un
jour. C'était Tadeusz Blumental, un Juif au physique
tellement « aryen » qu'il avait pu rester en dehors du
ghetto, dissimulant aisément ses origines. Il s'est montré
très content de me revoir mais aussi attristé de me découvrir dans un contexte aussi adverse. Il m'a donné
quelque argent en promettant de m'aider : une femme
allait se présenter le lendemain, m'a-t-il dit à voix basse,
et si j'arrivais à déjouer la surveillance elle me condui-
rait à une cachette en ville. Elle est en effet apparue en
temps et heure ; malheureusement, c'était pour
m'annoncer que les gens chez qui j'aurais dû être
hébergé ne voulaient pas accepter de Juifs.

Une autre fois, c'est le directeur de l'Orchestre philar-
monique de Varsovie, Jan Dworakowski, qui m'a
reconnu alors qu'il traversait la place. Sincèrement ému,
il m'a serré dans ses bras en m'interrogeant sur mon état
et celui de ma famille. En apprenant qu'ils avaient été
emmenés loin de la capitale, il m'a lancé un regard dont
la compassion m'a particulièrement frappé, il s'apprêtait à dire quelque chose lorsqu'il s'est ravisé au dernier
moment.

« Que croyez-vous qu'il va leur arriver, maintenant ?
lui ai-je demandé, envahi par un regain d'anxiété.

— Wladyslaw ! Il a pris mes mains dans les siennes, les
a serrées avec effusion. Il vaut sans doute mieux que vous
sachiez... Parce que vous serez sur vos gardes, au moins.
Il a hésité quelques secondes avant de continuer dans un
murmure : Vous ne les reverrez plus jamais,
Wladyslaw. »

Il s'est détourné, s'est éloigné en hâte mais, soudain, il

est revenu vers moi pour une nouvelle accolade. Je n'étais pas en état de répondre à ses manifestations de sympathie, pourtant. Inconsciemment, j'avais toujours su que les sornettes allemandes à propos des « excellentes conditions de travail » qui auraient attendu les Juifs dans les camps de l'Est polonais étaient des mensonges, que nous ne pouvions attendre des nazis que la mort. À l'instar de tous les autres habitants du ghetto, toutefois, j'avais voulu croire que cette fois il pourrait en être autrement, que leurs promesses étaient à prendre au sérieux. Chaque fois que je pensais aux êtres aimés, je m'efforçais de les imaginer en vie. Confrontés à de terribles difficultés, certes, mais bien vivants, ce qui me laissait l'espoir de les revoir un jour ou l'autre, finalement. En quelques mots, Dworakowski avait fait voler en éclats l'édifice trompeur que je m'étais acharné à maintenir sur pied. C'est seulement bien plus tard que je suis arrivé à reconnaître qu'il avait eu raison de me parler ainsi : la perte de mes illusions, la reconnaissance de l'inéluctabilité de la mort m'ont conféré l'énergie nécessaire pour que je parvienne à survivre au moment critique.

J'ai passé les jours suivants dans une hébétude de somnambule. Je me levais le matin comme un automate, j'accomplissais une succession de gestes machinaux puis je me couchais le soir venu sur un lit de planches dans l'entrepôt de mobilier sous contrôle du Conseil juif. D'une manière ou d'une autre, j'en étais venu à accepter leur disparition, désormais certaine pour moi. Mère, Père, Halina, Regina, Henryk…

Il y a eu un raid aérien soviétique sur Varsovie et tout le monde s'est réfugié dans les bunkers. Les Allemands étaient inquiets et furieux, les Juifs enchantés même s'ils ne pouvaient le manifester, bien entendu. Chaque bombe que nous entendions siffler dans les airs nous emplissait de bonheur : pour nous, c'était le son avant-coureur de notre délivrance et de la défaite nazie, la manifestation de la seule et unique force qui puisse nous sauver. Je ne me suis pas mis à l'abri, ce jour-là. Il m'était bien égal de mourir dans le bombardement.

Pour les équipes de démolition de l'enceinte, la situation s'est rapidement détériorée. C'était les miliciens lituaniens qui nous surveillaient, désormais ; ils veillaient à ce que nous ne puissions rien acheter aux camelots et nous fouillaient avec un soin accru au poste de garde lorsque nous rentrions au ghetto le soir. Et puis, un jour, notre groupe a été soumis sans avertissement à une sélection sommaire. Alors que nous revenions du chantier, un jeune policier s'est placé devant la guérite, les manches retroussées sur les bras, et a entrepris de nous trier à sa manière, c'est-à-dire comme à la loterie : à gauche, ceux qui vont mourir, à droite ceux qui ont plus de chance. Il m'a fait signe de me ranger à droite. Les hommes placés à gauche ont reçu l'ordre de s'étendre au sol, à plat ventre. Il a sorti son pistolet et les a tués un par un.

Au bout d'une semaine environ, des affiches annonçant une nouvelle opération de « réinstallation » des Juifs encore présents à Varsovie sont apparues sur les murs. Trois cent mille d'entre nous étaient déjà partis et sur ceux qui restaient dans la capitale vingt-cinq mille seulement seraient autorisés à demeurer sur place. Il s'agissait des spécialistes et des travailleurs que les Allemands jugeaient absolument indispensables au fonctionnement local.

Au jour dit, tous les employés du Conseil juif ont dû se

regrouper dans la cour du bâtiment abritant cette institution, et le reste de la population dans la portion du ghetto comprise entre les rues Gesia et Nowolipki. Afin de ne laisser aucun hasard dans la procédure, un des officiers de la police juive, un certain Blaupapier, s'est placé à l'entrée du siège du Conseil, un fouet dans la main, prêt à dissuader lui-même les contrevenants d'approcher.

Ceux d'entre nous qui étaient autorisés à rester dans le ghetto ont reçu un numéro imprimé sur une petite feuille. Le Conseil avait le droit de garder cinq mille de ses fonctionnaires et ouvriers. Le premier jour, je n'ai pas été sélectionné, ce qui ne m'a pas empêché de dormir tant j'étais résigné à mon sort, alors que mes compagnons qui se trouvaient dans le même cas se rongeaient les sangs.

Le lendemain matin, j'ai reçu mon numéro. On nous a fait mettre en rangs par quatre et nous avons été contraints d'attendre que les membres de la commission de contrôle SS, présidée par l'*Untersturmführer* Brandt, se donnent la peine de venir nous recompter, pour le cas où un nombre excessif d'entre nous aurait eu la chance d'échapper à la mort.

Au pas cadencé, encerclés par les policiers, notre colonne a fini par quitter la cour du Conseil en direction de la rue Gesia, où nous allions être logés. Derrière nous, la foule des condamnés s'agitait, hurlait, gémissait, nous maudissait d'avoir été miraculeusement épargnés, tandis que les Lituaniens chargés de superviser leur passage de vie à trépas tiraient dans le tas afin de rétablir l'ordre, une technique qui leur était devenue des plus coutumières.

Un sursis venait donc de m'être accordé encore une fois. J'allais vivre. Mais pour combien de temps ?

11

« Francs-tireurs, debout ! »

J'avais un nouveau logis, le énième depuis le temps où nous vivions rue Sliska, avant la guerre. Cette fois, on nous a assigné des chambres collectives, ou plutôt des cellules équipées du strict minimum. Je partageais la mienne avec trois membres de la famille Prozanski et avec Mme A., une dame silencieuse qui malgré la promiscuité forcée restait enfermée en elle-même. La toute première nuit passée là, sur mon lit de planches, j'ai fait un rêve qui m'a plongé dans un extrême découragement tant il semblait venir confirmer mes pressentiments quant au sort de ma famille. Henryk m'est apparu, s'est penché au-dessus de moi et m'a dit : « Nous sommes morts, voilà. »

Nous avons été réveillés à six heures du matin par des allées et venues dans le couloir, des voix fortes, des bruits insistants : les ouvriers qui travaillaient à la rénovation du palais du commandement SS à Varsovie, allées Ujaz-dowskie, partaient au travail. Ils étaient des « privi-légiés » en ce qu'ils avaient droit à une roborative soupe à la viande avant de se mettre en route, de quoi soutenir leur organisme plusieurs heures durant. Nous sommes sortis peu après eux, le ventre pratiquement creux après avoir avalé un bol de brouet aqueux. Il faut dire que ses modestes vertus nutritionnelles étaient à la mesure de l'humilité de notre tâche, puisque nous étions affectés au nettoyage de la cour du Conseil juif…

Le lendemain, j'ai été assigné avec Prozanski et le fils adolescent de ce dernier au bâtiment qui abritait les magasins du Conseil juif et les logements de ses hauts fonctionnaires. Il était deux heures de l'après-midi quand le coup de sifflet habituel aux Allemands, accompagné des non moins habituels hurlements, a convoqué tout le monde dans la cour. Malgré tout ce que nous avions déjà enduré des nazis, nous nous sommes transformés en statues de sel. Deux jours plus tôt seulement nous avions reçu les numéros qui nous assuraient de rester parmi les vivants, et c'était sans doute le cas de tous ceux qui se trouvaient dans ce bâtiment ; une nouvelle sélection n'avait donc aucun sens. Mais alors pourquoi nous appeler en bas ? Nous sommes descendus en hâte et… oui, ils voulaient à nouveau nous trier. La macabre mise en scène s'est encore une fois déroulée sous mes yeux : les SS aboyant sur leurs victimes désespérées, séparant les familles, bousculant les uns vers la gauche, les autres vers la droite, tout en distribuant horions et insultes. Et à nouveau notre groupe a été épargné, à quelques exceptions près, dont le fils de Prozanski, un garçon charmant que j'avais tout de suite pris en affection dans le court laps de temps où nous avions été amenés à cohabiter. Je n'essaierai pas de décrire l'affliction de ses parents. À cette époque, dans le ghetto, des milliers de mères et de pères ont eu à passer par un tel chagrin.

Ce jour-là, un aspect particulièrement significatif de la
sélection est apparu au grand jour : les familles d'importants responsables de la communauté juive achetaient
leur survie aux yeux de tous, sur les lieux même du
triage, et les soi-disant incorruptibles officiers de la
Gestapo empochaient leurs gains. Mais comme il fallait
bien remplir les quotas les Allemands ont envoyé à
l'*Umschlagplatz* des menuisiers, des soudeurs, des coif-
feurs, des barbiers et autres travailleurs qualifiés qui
auraient pu leur être d'une réelle utilité. J'ajouterai que le
jeune Prozanski allait réussir à s'évader de l'*Umschlagplatz* et donc à rester en vie un peu plus longtemps.

Quelque temps après, le chef de notre unité de travailleurs m'a annoncé qu'il avait réussi à me faire nommer
dans le groupe affecté à la reconstruction de la caserne
SS située dans le lointain faubourg de Mokotow. Je serais
mieux nourri et ma situation en général s'en trouverait
améliorée, m'a-t-il assuré.

La réalité était fort différente. D'abord, je devais me
réveiller deux heures plus tôt qu'avant et franchir à pied
une bonne douzaine de kilomètres à travers la ville. Déjà
épuisé par cette marche, j'étais forcé de m'atteler aussitôt
à des tâches qui dépassaient de beaucoup mes forces
physiques, charriant des briques entassées dans mon
dos, des seaux de mortier, des barres de fer. J'aurais pu
encore m'en tirer à peu près si les contremaîtres SS,
futurs habitants de ces bâtisses, n'avaient pas jugé que
nous étions trop lents. Ils nous houspillaient sans arrêt,
nous obligeaient à courir avec notre charge et au
moindre signe de faiblesse ils tombaient sur le lambin
avec des fouets dont les mèches en cuir étaient
renforcées de billes d'acier.

Je n'aurais certainement pas survécu à cette épreuve si

je n'étais pas parvenu à convaincre notre chef de groupe de demander mon transfert au chantier de rénovation du petit palais des allées Ujazdowskie destiné au commandement SS. Là-bas, les conditions de travail étaient moins pénibles, notamment parce que nous étions au coude à coude avec des maçons allemands et des artisans qualifiés polonais, certains en régime de travail forcé comme nous mais d'autres employés sous contrat. Du coup, notre statut de forçats juifs était moins immédiatement reconnaissable au milieu d'eux, ce qui nous permettait de nous relayer pour marquer des pauses sans nous exposer à des punitions. De plus, les Polonais faisaient cause commune avec nous contre les contremaîtres allemands et nous aidaient dans les tâches les plus difficiles. Il y avait encore un autre point positif : Blum, l'architecte responsable du projet, était lui-même juif et avait une équipe d'ingénieurs également juifs autour de lui, tous de remarquables professionnels. Officiellement, les Allemands ne reconnaissaient pas cet état de fait, la direction des travaux revenant pour la forme au maître artisan Schultke, un individu absolument sadique qui avait le droit de frapper les ingénieurs de la « race inférieure » et ne s'en privait pas. Mais comme le savoir-faire de ces hommes de l'art était indispensable à la réalisation du chantier ils étaient relativement bien traités. À part les coups distribués par le sinistre Schultke, évidemment, mais dans le climat de l'époque c'était presque négligeable...

Je servais de manœuvre à un maçon polonais du nom de Bartczak. C'était quelqu'un de très correct, fondamentalement, même si des frictions inévitables survenaient entre nous quand les Allemands décidaient de nous surveiller de plus près et que nous devions accélérer la cadence. Malgré toute ma bonne volonté, il m'arrivait alors de renverser l'échelle, de faire tomber de l'échafaudage un seau de chaux ou quelques briques. Alors Bartczak était lui aussi réprimandé et il bouillait de colère contre moi. Le rouge au front, marmonnant dans sa barbe, il attendait que les gardes se soient éloignés pour repousser sa casquette en arrière, se camper les poings sur les hanches devant moi et railler ma maladresse par une invariable tirade : « Comment ça, Szpilman ? Je croyais que tu jouais du piano à la radio, avant ? Un musicien comme toi... Et tu ne peux même pas tenir une pelle ou enlever un peu de chaux d'une planche ! Ah ! ils devaient tous s'endormir, quand tu te mettais devant le clavier ! » Puis, sans me quitter de ses yeux sceptiques, il haussait les épaules et concluait son attaque en hurlant de tous ses poumons : « Abruti ! »

Mais si d'aventure je me laissais aller dans de sombres rêveries jusqu'à en oublier mon travail, et même là où je me trouvais, il s'arrangeait toujours pour me secouer avant qu'un contremaître allemand ne me découvre dans cet état. « Mortier ! », criait-il alors à tue-tête, et j'attrapais le premier seau à portée de main, ou la truelle, en prenant un air très affairé.

La perspective de l'hiver, désormais imminent, était au centre de mes idées noires. Je n'avais pas de vêtements chauds, et encore moins de gants. Ayant toujours été plutôt frileux, j'imaginais déjà mes mains geler sur le chantier, ce qui ruinerait à jamais toute éventualité de reprendre ma carrière de pianiste au cas où j'échapperais à la mort. Alors je regardais avec une anxiété grandissante les feuilles virer de couleur sur les arbres de l'avenue tandis que la bise se faisait chaque jour plus glaciale.

À ce stade, les numéros qui nous avaient assuré un sursis provisoire avaient pris valeur de statut permanent. Au même moment, j'ai été affecté à un nouveau logement, rue Kurza, toujours dans le ghetto. Nous avons également changé de lieu de travail car la réfection du palais des allées Ujazdowskie s'achevait et ne nécessitait plus autant d'ouvriers. Certains d'entre nous ont été transférés au 8 de la rue Narbutt, en quartier « aryen », afin de préparer des appartements pour plusieurs officiers SS.

Le froid était de plus en plus vif. Au travail, il m'arrivait toujours plus souvent de sentir mes doigts s'engourdir jusqu'à en devenir inertes. Je ne sais pas ce que je serais devenu si le hasard n'était pas venu à mon aide. Un heureux coup de malchance, pourrait-on dire : un jour, j'ai glissé en portant du mortier et je me suis foulé la cheville. Constatant que j'étais désormais inapte au travail de construction, l'ingénieur Blum m'a fait verser au service des fournitures. On était déjà fin novembre : quelques jours de plus dans la froidure du chantier et je n'aurais pu sauver mes mains.

Les derniers ouvriers à travailler allées Ujazdowskie étaient maintenant transférés chez nous, et avec eux la plupart des gardes SS qui les avaient tourmentés là-bas. Parmi eux s'est présenté un matin au 8 de la rue Narbutt celui qui allait devenir le fléau de notre existence, un être d'une cruauté perverse dont nous ignorions l'identité mais que nous avons vite surnommé « Tchic-Tchac ». Il avait une manière bien à lui de persécuter les gens, qui lui procurait un plaisir quasiment érotique. S'il voulait punir quelqu'un, il lui ordonnait de se pencher en avant, coinçait la tête de sa victime entre ses cuisses et se déchaînait sur son derrière avec un knout, livide de rage, en sifflant

entre ses dents serrées : « Tchic, tchac, tchic, tchac... »
Et il ne relâchait pas sa prise tant que l'autre ne s'était pas
évanoui de douleur.

Les rumeurs d'une prochaine « réinstallation » ont à
nouveau circulé dans le ghetto. Si elles étaient fondées,
cela signifiait que les Allemands poursuivaient notre
complète extermination : nous n'étions que soixante
mille environ à être restés à Varsovie, alors quel besoin
auraient-ils eu de déporter encore un groupe aussi
restreint ? L'idée d'une résistance organisée était de plus
en plus fréquemment évoquée. Les jeunes, en particu-
lier, étaient décidés à se battre. Ici et là, des tentatives ont
été menées de fortifier en secret des immeubles du
ghetto qui pourraient servir de bastions au cas où le pire
devrait se produire. Il faut croire que les nazis ont eu vent
de ces préparatifs puisqu'ils se sont empressés
d'annoncer par voie d'affiche qu'aucune opération
d'évacuation ne serait menée. C'était ce que nous répétaient aussi nos gardes chaque jour, et pour se montrer
encore plus convaincants ils nous ont officiellement
autorisés à acheter cinq kilos de pommes de terre et une
miche de pain par personne dans la partie « aryenne » de
la ville pour les rapporter dans le ghetto. Leur bienveillance est allée jusqu'à permettre à un représentant de
notre groupe de se déplacer librement afin de réaliser ces
achats pour nous tous. Nous avons choisi un garçon
courageux qui répondait au sobriquet de « Majorek », le
Petit Major. Les Allemands ne se doutaient pas que, sur
nos instructions, il allait établir le contact entre le mouvement de résistance clandestine du ghetto et les organisations polonaises antinazies à l'extérieur.

La permission d'introduire une quantité déterminée
de vivres dans le ghetto a éveillé des vocations

commerciales dans notre groupe. Chaque matin, à notre départ, nous étions attendus par une petite foule qui proposait à mes compagnons des *ciuchy*, des hardes de seconde main, en échange de la nourriture qu'ils ramèneraient le soir.

Pour ma part, j'étais moins intéressé par ces transactions que par les nouvelles dispensées par les revendeurs : les Alliés avaient débarqué en Afrique, Stalingrad entrait dans son troisième mois de siège sans capituler, et puis la résistance avait commencé à frapper au cœur de Varsovie, des grenades avaient été jetées au Café-Club allemand... Chacune de ces informations nous remontait le moral, confortait notre patience et nous renforçait dans la certitude que les nazis seraient vaincus dans un proche avenir.

Bientôt, les premiers actes de représailles se sont produits dans le ghetto, avant tout contre les collaborateurs et les éléments corrompus de notre communauté. L'un des plus sinistres officiers de la police juive, Lejkin, a été abattu. Il était tristement connu pour le zèle qu'il mettait à traquer ses coreligionnaires et à livrer son quota de victimes à l'*Umschlagplatz.* Peu après, un certain First, l'homme de liaison entre la Gestapo et le Conseil du ghetto, recevait la mort des mains de partisans juifs. Les traîtres parmi nous ont appris ce qu'était la peur.

Je retrouvais peu à peu l'optimisme et le désir de survivre. Un jour, j'ai pris Majorek à part et je lui ai demandé de téléphoner à certaines de mes relations lorsqu'il serait en ville en les priant d'essayer de me faire sortir du ghetto par un moyen ou un autre, puis de me cacher quelque part. Cet après-midi-là, j'ai guetté son retour le cœur battant. Quand il est réapparu, il était porteur de mauvaises nouvelles : tous ses interlocuteurs avaient répondu qu'ils ne pouvaient prendre le risque d'abriter un Juif chez eux. Ils s'étaient même montrés ulcérés que j'aie caressé pareil projet, car ce genre d'infraction valait la peine capitale, enfin ! Il ne fallait pas compter sur leur aide, donc. Mais d'autres se montreraient peut-être moins inhumains, qui sait ? L'essentiel, c'était de ne pas perdre l'espoir.

Le nouvel an approchait. Le 31 décembre 1942, un convoi de camions chargés de charbon s'est présenté, surcroît de travail inattendu. Nous avons dû tous les vider dans la journée et stocker le combustible dans la cave de l'immeuble de la rue Narbutt. La tâche, fort pénible, a demandé plus de temps que nos gardes ne l'avaient prévu et au lieu de rentrer au ghetto à six heures comme chaque soir il faisait déjà nuit noire lorsque nous avons quitté les lieux.

Nous revenions toujours par le même chemin, par groupes de trois : rue Polna, puis Chalubinski, puis Zelazna jusqu'au ghetto. Nous étions déjà sur Chalubinski quand des cris surexcités sont montés de la tête de notre colonne. Tout le monde s'est arrêté et il nous a fallu quelques secondes pour comprendre ce qui se passait. Par pur hasard, les travailleurs qui ouvraient la marche avaient croisé deux SS saouls comme des barriques, dont l'un d'eux n'était autre que Tchic-Tchac. Ils leur étaient tombés dessus avec leurs fouets, qu'ils gardaient avec eux-même pendant leurs beuveries. Une avalanche de coups systématique, rangée par rangée, est arrivée jusqu'à nous. Lorsqu'ils ont fini par se lasser, ils se sont écartés de quelques pas, ont dégainé et Tchic-Tchac a hurlé : « Les intellectuels, ils sortent des rangs ! »

Leurs intentions ne faisaient aucun doute : ils allaient nous tuer sur place. Je ne savais comment réagir. Ne pas bouger risquait de les énerver encore plus et ils étaient fort capables d'inspecter la colonne eux-mêmes, de nous entraîner de côté, de nous frapper encore puis de nous abattre pour ne pas avoir obtempéré aussitôt. Le Dr Zajczyk, un historien et maître de conférences qui était à ma droite, frissonnait de peur tout comme moi. Il hésitait, lui aussi, mais dès qu'ils ont réitéré leur ordre nous sommes sortis des rangs sans plus attendre. Nous étions sept, en tout. Je me suis retrouvé à nouveau face à Tchic-Tchac, qui a entrepris de m'invectiver personnellement : « Je vais t'apprendre la discipline, moi ! Pourquoi vous avez mis tout ce temps ? Il agitait son revolver sous mon nez. Vous deviez être ici à six heures et il en est dix ! »

J'ai gardé le silence, persuadé qu'il allait me tirer une balle dans le crâne d'un instant à l'autre quelle qu'ait été ma réaction. Il m'a fixé un moment de son regard opaque avant d'aller se placer sous le réverbère en chancelant. Là, il a annoncé d'une voix étonnamment ferme. « Vous autres, les sept ! Vous êtes responsables de reconduire la colonne jusqu'au ghetto. Allez, en marche ! »

Nous nous sommes remis en route mais il a vociféré aussitôt : « Stop ! Revenez ! » Cette fois, c'est le Dr Zajczyk qui s'est retrouvé nez à nez avec le SS ivre, lequel l'a saisi par le collet et lui a demandé en le secouant : « Tu sais pourquoi je vous ai frappés ? »

Comme le docteur restait coi, il a insisté : « Alors, tu sais pourquoi ? »

Un homme qui se tenait un peu plus loin, visiblement affolé, a osé risquer un timide :

« Pourquoi ?

— Pour vous rappeler que c'est le nouvel an, imbéciles ! »

Alors que nous avions reformé les rangs, il nous a lancé encore un autre ordre inattendu : « Chantez ! » Nous l'avons observé, surpris. Il a manqué perdre l'équilibre, s'est rétabli en lâchant un rot sonore : « Chantez quelque chose de gai ! » Très amusé par sa plaisanterie, il a commencé à s'éloigner. Soudain, il s'est arrêté et il nous a invectivés, d'un ton menaçant : « Et chantez bien, et chantez fort ! »

Je ne sais pas qui a été le premier à entonner l'air, ni pourquoi c'est cette chanson de soldat qui lui est venue à l'esprit. En tout cas, nous avons joint notre voix à la sienne. Le principal était d'obéir.

C'est seulement aujourd'hui, en repensant à la scène, que je m'aperçois à quel point le cocasse se mêle souvent à la tragédie. Car en cette nuit de réveillon une poignée de Juifs exténués descendaient les rues d'une cité où les manifestations de patriotisme polonais étaient punies de mort depuis des années en chantant à pleins poumons, et en toute impunité, l'hymne si évocateur de la conscience nationale polonaise : *« Hej, strzelcy wraz ! »*, « Ohé, francs tireurs, debout ! »

12

Majorek

Premier janvier 1943. L'année où les Allemands allaient être vaincus, selon l'engagement solennel exprimé par Roosevelt, avait commencé et en effet ils semblaient nettement moins invincibles, désormais. Si au moins nous avions été plus près de la ligne de front ! La nouvelle de la défaite nazie devant Stalingrad est tombée et cette fois c'était un événement trop grave pour qu'il soit étouffé, ou relativisé avec la formule journalistique d'usage selon laquelle même lui n'aurait eu « aucune influence sur le développement positif du conflit ». Non seulement ils ont dû reconnaître leur déroute, mais ils ont également décrété trois jours de deuil, le seul moment de repos dont nous ayons bénéficié depuis des mois. Les plus optimistes d'entre nous se frottaient les mains en jubilant, certains que la fin de la guerre était imminente. Les pessimistes divergeaient sur un seul point : ils croyaient que les hostilités allaient encore durer, même s'il ne subsistait pas l'ombre d'un doute quant à leur issue.

À l'unisson des nouvelles de plus en plus encourageantes qui nous parvenaient du reste du monde, les organisations clandestines du ghetto ont intensifié leurs activités. Mon groupe y participait aussi : Majorek, qui nous rapportait chaque jour de la ville des sacs de pommes de terre, dissimulait sous les légumes des munitions que nous répartissions entre nous et que nous faisions entrer dans le ghetto cachées sous le pantalon, le long des jambes. C'était là un risque très sérieux, qui un jour a failli se terminer en tragédie pour nous tous.

Majorek était venu déposer les sacs à mon entrepôt comme à son habitude. Je devais les vider, mettre les munitions en lieu sûr puis les partager avec mes compagnons le soir venu. Mais il venait à peine de s'en aller que la porte s'est rouverte brutalement et que l'*Untersturmführer* Jung a surgi. Ses yeux ont erré dans la pièce avant de tomber sur les sacs. Il est allé à eux d'un pas décidé. J'ai senti mes genoux menacer de se dérober sous moi : s'il s'apprêtait à inspecter leur contenu, nous étions tous perdus. Et je serais le premier à recevoir une balle dans le crâne.

Il a essayé d'en ouvrir un, en effet, mais les nœuds de la corde étaient trop serrés. Le SS a laissé échapper un juron en se tournant vers moi :

« Ouvre-moi ça, toi ! »

Je me suis approché en faisant tout pour masquer mon anxiété. J'ai commencé à dénouer le lien avec une lenteur délibérée, des gestes calmes en apparence. Les poings sur les hanches, l'Allemand m'observait.

« Qu'est ce qu'il y a, là dedans ?

— Des pommes de terre. Nous avons l'autorisation d'en rapporter une certaine quantité chez nous tous les jours.

Le cordon défait maintenant, Jung a enchaîné sur un autre ordre :

– Vide-le et montre ! »

J'ai plongé ma main dans le sac, sidéré par ce que je sentais sous mes doigts. Le sort avait voulu que Majorek ait trouvé ce jour-là quelques haricots et une petite quantité de millet. Les pommes de terre étaient dessous. À contrecœur, j'ai sorti une poignée de mange-tout assez longs.

« Des patates, hein ? Il a émis un petit rire méprisant. Cherche encore ! »

Cette fois, j'ai exhumé un petit tas de millet. Le SS allait sans doute m'infliger une sévère correction pour avoir osé lui raconter des balivernes. C'est ce que j'espérais, d'ailleurs, en me disant qu'il en oublierait peut-être ce maudit sac… Mais non, pas même une gifle ! Il a tourné les talons et il a disparu. Quelques minutes plus tard, il s'est à nouveau rué par la porte comme s'il avait voulu me surprendre au milieu d'une autre atteinte au règlement. J'étais au beau milieu du magasin, encore sous le choc, et j'ai dû redoubler d'efforts pour rester impassible. Ce n'est qu'après avoir entendu les pas de Jung s'éloigner pour de bon dans le couloir, puis s'éteindre, que je me suis hâté de vider mes sacs et de dissimuler les munitions sous un tas de chaux qui s'élevait dans un coin. Et le soir venu, alors que nous longions l'enceinte du ghetto, nous avons comme à l'habitude jeté notre nouvelle livraison de cartouches et de grenades par-dessus le mur. Quel soulagement !

Le 15 janvier, un vendredi, rendus furieux par leurs revers sur le front et par la satisfaction évidente qu'ils procuraient aux Polonais, les occupants ont repris leur chasse à l'homme, cette fois dans l'ensemble de la ville et pendant trois journées entières, sans discontinuer. Matin et soir, en nous rendant au travail ou en revenant au ghetto, nous ne pouvions que voir des malheureux poursuivis et capturés en pleine rue. Des cohortes de fourgons de police fonçaient vers les prisons et revenaient à vide pour emporter une autre cargaison de futures victimes des camps de concentration. La répression a atteint une telle intensité que les « Aryens » ont commencé à chercher refuge dans le ghetto et qu'un nouveau paradoxe de la période d'occupation est apparu : hier encore le plus dangereux des symboles, le bandeau frappé à l'étoile de David est soudain devenu un bouclier protecteur, une sorte de garantie puisque les Juifs n'étaient soudain plus la proie principale.

Au bout de deux jours, cependant, notre tour est arrivé. En quittant mon logement le lundi matin, je n'ai pas vu notre groupe habituel attendre au coin de la rue mais seulement quelques ouvriers, ceux qui avaient été jugés indispensables, sans doute. En tant que « chef magasinier », je devais aussi appartenir à cette catégorie, il faut croire. Escortés par deux policiers, nous nous sommes dirigés vers la porte du ghetto : alors qu'en temps normal elle n'était gardée que par des fonctionnaires juifs une unité de la police allemande au complet y avait été déployée et contrôlait systématiquement les documents des Juifs qui allaient rejoindre leur poste de travail à l'extérieur.

Un garçon d'une dizaine d'années est passé en courant sur le trottoir. Il était très pâle, et si effrayé qu'il en a oublié d'enlever sa casquette devant le policier allemand qui arrivait en sens inverse. Celui-ci s'est arrêté et, sans articuler un mot, il a sorti son pistolet, l'a braqué contre la tempe du petit et a fait feu. Le gamin est tombé, les bras agités de soubresauts, puis tout son corps s'est raidi et il a expiré. Imperturbable, l'Allemand a remis son arme à la ceinture avant de poursuivre sa route. Je l'ai observé de là où je me trouvais. Il n'avait pas les traits d'une brute endurcie, ni même l'air d'être en colère. C'était un homme « normal », posé, qui venait d'accomplir l'une de ses multiples tâches quotidiennes et l'avait aussitôt éliminée de son esprit car des missions autrement plus importantes l'attendaient...

Nous étions déjà de l'autre côté lorsqu'une fusillade a éclaté derrière nous. Pour la première fois, c'étaient des groupes d'ouvriers juifs qui, sur le point d'être encerclés dans le ghetto, répondaient à la terreur nazie par les armes.

Nous avons continué à marcher, perdus dans de sombres pensées, nous demandant ce qui allait maintenant se passer dans le ghetto. De toute évidence, une nouvelle phase de sa destruction venait de commencer. Le petit Prozanski, celui-là même qui avait échappé à une précédente rafle, était à mes côtés. Il se rongeait d'inquiétude à propos de ses parents, qui étaient restés dans notre chambre commune : avaient-ils réussi à se cacher assez vite pour échapper à la déportation ? Quant à moi, j'avais mes propres soucis, d'une tout autre nature en vérité. J'avais laissé mon stylo à encre et ma montre sur la table là-bas. Tout ce que je possédais au monde. Or j'avais prévu de les vendre si je réchappais à cette dernière opération et de subsister quelques jours avec cet argent, le temps de trouver une cachette avec l'aide de mes amis.

Ce soir-là, nous ne sommes pas rentrés au ghetto. On nous a temporairement cantonnés rue Narbutt et ce n'est que plus tard que nous avons pu apprendre ce qui était arrivé de l'autre côté des murs. Plutôt que de se laisser emporter vers la mort, les gens s'étaient défendus avec acharnement. Ils s'étaient réfugiés dans des caches aménagées à l'avance pendant que les femmes versaient de l'eau dans les escaliers pour que les Allemands glissent sur les marches verglacées et soient retardés en montant aux étages supérieurs. Dans d'autres immeubles, les habitants s'étaient sommairement barricadés et avaient accueilli les SS par un feu nourri, décidés à périr l'arme à la main et non dans les chambres à gaz. À l'hôpital juif, les nazis avaient traîné dehors les malades à peine vêtus, les avaient entassés dans des camions à ridelles, en plein froid, et les avaient envoyés à Treblinka. Mais grâce à cette première manifestation de résistance juive organisée ils n'ont pu rafler qu'environ cinq mille personnes en l'espace de cinq jours, soit la moitié seulement du nombre qu'ils s'étaient fixé.

Le cinquième soir, Tchic-Tchac nous a annoncé que l'opération visant à « épurer le ghetto de ses éléments parasitaires » était terminée et que nous pouvions retourner à nos quartiers habituels. Nous avons franchi la porte le cœur serré. Les rues offraient un spectacle désolant : les trottoirs étaient parsemés de verre brisé, les plumes des oreillers éventrés s'amassaient dans les caniveaux, volaient en tous sens, chaque coup de vent produisant une averse de neige à rebours qui s'élevait du sol au lieu de tomber du ciel. Partout, des cadavres. Le silence était si profond que les façades nous renvoyaient l'écho de nos pas comme si nous étions engagés dans un ravin de montagne encaissé. Notre chambre était déserte mais elle n'avait pas été pillée. Rien n'avait bougé depuis que les parents Prozanski, qui figuraient sur la liste des personnes à déporter, avaient quitté les lieux : les lits encore défaits, du café qu'ils n'avaient pas eu le temps de finir encore dans une casserole sur le poêle éteint... J'ai retrouvé mon stylo et ma montre là où je les avais laissés.

Il fallait agir très vite, maintenant, et sans la moindre hésitation. La prochaine opération allait sans doute se produire d'ici peu et cette fois je risquais d'être parmi les victimes. Par l'intermédiaire de Majorek, j'ai rétabli le contact avec un couple d'amis. Il s'agissait de deux jeunes artistes, Andrzej Bogucki, un acteur, et son épouse, une chanteuse qui se produisait sous son nom de jeune fille, Janina Godlewska. Un jour, Majorek m'a prévenu qu'ils allaient venir vers six heures du soir. J'ai profité du moment où les travailleurs non juifs quittaient le chantier pour me glisser dehors. Ils étaient là tous les deux, non loin de la porte. Nous avons rapidement conféré. Je leur ai remis les partitions de mes œuvres, mon stylo et ma montre, bref tout ce que je voulais emporter avec moi et que j'avais déjà sorti du ghetto et caché dans l'entrepôt en prévision de ma fuite. Nous étions convenus que Bogucki m'attendrait le samedi suivant à cinq heures : c'était le moment où un général SS devait inspecter les travaux de l'immeuble et je comptais sur l'agitation que cette visite allait susciter pour m'esquiver discrètement.

Entre-temps, l'atmosphère n'avait cessé de se tendre dans le ghetto. Une sourde appréhension étreignait ses habitants. Le commandant en chef de la police juive, le colonel Szerynski, s'était suicidé. Les nouvelles qu'il avait reçues devaient être accablantes puisque même lui, le plus fidèle collaborateur des Allemands, l'homme dont les occupants avaient le plus besoin et qui aurait été le dernier à être déporté, n'avait plus eu d'autre issue que de se donner la mort.

Chaque jour, des Juifs se glissaient parmi nous lorsque nous nous rendions au chantier, dans l'espoir de trouver refuge en quartier « aryen ». Ils étaient rares à y parvenir car les espions fourmillaient de l'autre côté, agents stipendiés ou simples volontaires qui repéraient un Juif fugitif, attendaient qu'il se trouve dans une ruelle déserte et fondaient sur lui en le dépouillant de son argent et de ses bijoux sous la menace de le livrer aux nazis. Habituellement, d'ailleurs, c'est ce qu'ils faisaient après leur avoir extorqué une rançon.

Ce samedi fatidique, mes nerfs m'ont tourmenté dès les premières heures du matin. Mon plan allait-il réussir ? Le moindre faux pas pouvait m'être instantanément fatal. Dans l'après-midi, le général est arrivé comme prévu pour sa tournée d'inspection et les SS, très occupés, ont relâché leur surveillance. Vers cinq heures, les ouvriers non juifs ont terminé leur journée de travail. J'ai enfilé mon manteau. Pour la première fois en trois ans, j'ai retiré de ma manche le brassard à l'étoile bleue. Je me suis glissé par le portail avec eux.

Bogucki m'attendait à l'angle de la rue Wisniowa. Le programme se déroulait ainsi que nous en étions convenus, jusqu'à ce point. En m'apercevant, il s'est mis à marcher rapidement et je l'ai suivi à quelques pas de distance, le bas du visage dissimulé dans mon col relevé, les yeux écarquillés afin de ne pas perdre sa trace dans la pénombre puisque les artères, désertes, disposaient seulement de l'éclairage minimum imposé par l'occupant depuis le début de la guerre. Je devais juste prendre garde de ne pas croiser un Allemand au pied d'un réverbère, pour le cas où il apercevrait mes traits. Nous allions très vite, en prenant des raccourcis, et cependant le chemin m'a paru interminable avant que nous ne parvenions au but : le 10 de la rue Noakowski, où j'allais me cacher dans un studio d'artiste au cinquième étage qu'utilisait parfois Piotr Perkowski, à cette époque l'un des dirigeants du cercle de musiciens polonais qui luttaient clandestinement contre les nazis. Nous avons gravi les escaliers quatre à quatre. Janina Godlewska guettait notre arrivée dans le studio. Elle avait les traits tirés et paraissait angoissée mais à notre vue elle a poussé un soupir de soulagement.

« Ah ! vous êtes là, enfin ! a-t-elle soufflé en levant ses deux mains jointes au-dessus de sa tête. Puis, à mon adresse : Andrzej était déjà parti vous chercher quand je me suis rendu compte de la date d'aujourd'hui... Le 13 février, Wladyslaw ! Avoir de la chance le 13 ! »

13

Scène de ménage chez les voisins

Le studio d'artiste qui allait m'abriter pendant un moment était une vaste pièce sous un toit vitré, avec un petit cagibi sans fenêtre de chaque côté. Le lit de camp que les Bogucki m'avaient procuré était merveilleusement confortable après toutes les nuits que j'avais passées sur des gravats. Et puis le pur bonheur était tout simplement de ne plus avoir à supporter la vue des Allemands, leurs cris, la menace permanente qu'un SS ait soudain envie de me battre, voire de me tuer. Pendant toutes ces journées, je m'efforçais de ne pas penser aux épreuves qui m'attendaient encore tant que la guerre ne serait pas terminée... si je restais en vie jusque-là, bien sûr. J'ai été profondément soulagé par la nouvelle que Janina Bogucka m'a apportée un matin : en Ukraine, les troupes soviétiques avaient repris Kharkov. Mais qu'allait-il se passer pour moi ? Je comprenais que je ne pourrais pas rester indéfiniment ici car Perkowski devait trouver très vite un locataire officiel, les autorités allemandes ayant annoncé la tenue prochaine d'un recensement qui permettrait aux policiers de fouiller tous les logements afin de vérifier si leurs occupants étaient dûment enregistrés et autorisés à résider à Varsovie. Presque chaque jour, des gens à la recherche d'une location venaient visiter le studio et je devais alors me cacher dans l'un des cagibis, porte fermée.

Au bout de deux semaines, Bogucki a mis au point un nouveau plan avec l'ancien directeur musical de la radio polonaise, mon supérieur d'avant guerre, Edmund Rudnicki. Celui-ci s'est présenté un soir en compagnie d'un certain Gebsczynski, un ingénieur qui habitait avec sa femme au rez-de-chaussée du même immeuble : c'était dans son appartement que j'allais vivre désormais. Peu après, mes mains se posaient sur un clavier pour la première fois en l'espace de sept mois. Sept mois au cours desquels j'avais perdu tous les êtres aimés, survécu à la liquidation du ghetto et aidé à démolir ses murs en coltinant de la chaux et des briques... J'avais d'abord résisté aux invites de Mme Gebsczynska mais j'ai finalement cédé : mes doigts gourds ont parcouru péniblement les touches, produisant des sons qui m'ont semblé étranges, irritants.

Le même soir, une autre information inquiétante est venue à mes oreilles. Par un coup de fil d'un ami généralement bien informé, mon hôte a appris qu'une vaste chasse à l'homme était programmée le lendemain dans toute la ville. Nous étions, du coup, tous sur des charbons ardents mais la nouvelle s'est révélée une fausse alerte, comme il s'en produisait beaucoup alors. Le jour suivant, un ancien collègue de la radio est venu me trouver : le chef d'orchestre Czeslaw Lewicki, qui allait devenir un très grand ami. Il avait une garçonnière au 83 de la rue Pulawka, qu'il n'occupait pas et qu'il avait accepté de mettre à ma disposition.

Nous avons quitté le domicile des Gebsczynski le samedi 27 février, à sept heures du soir. Il faisait nuit noire, heureusement. Nous sommes allés rue Pulawka en pousse-pousse, sans encombre, puis nous avons grimpé au quatrième étage en priant pour ne croiser aucun voisin.

La garçonnière en question était en fait un appartement confortable et meublé avec goût — une entrée avec des toilettes d'un côté et un grand placard muni d'un réchaud à gaz de l'autre, puis la chambre avec un divan moelleux, une penderie, une petite bibliothèque, une table et quelques bonnes chaises. En découvrant que les étagères recelaient de multiples partitions, des cahiers de musique et plusieurs ouvrages érudits, je me suis cru au paradis. Cette première nuit, je n'ai guère dormi tant je voulais savourer le plaisir d'être étendu sur un vrai matelas bien rembourré !

Le lendemain, Lewicki est arrivé avec une amie, Mme Malczewska, l'épouse d'un médecin, qui m'apportait quelques affaires. Nous étions convenus de la manière dont j'allais être ravitaillé et de la marche à suivre le jour suivant, quand le recensement aurait lieu. Il n'y avait rien d'autre à faire que de passer la journée enfermé dans le cabinet de toilette, verrou bouclé de l'intérieur de même que dans le cagibi du studio d'artiste auparavant ; au cas où les Allemands s'introduiraient dans l'appartement, avons-nous estimé, il était peu probable qu'ils remarquent cette petite porte, ou bien ils croiraient qu'il s'agissait d'un placard condamné.

Tôt le matin, donc, j'ai suivi scrupuleusement ce plan, non sans emporter une pile de livres avec moi. L'endroit n'était certes pas prévu pour une station si prolongée, et de midi jusqu'au soir je n'ai cessé de rêver de pouvoir me dégourdir un peu les jambes. Le stratagème s'est révélé inutile, d'ailleurs : ma seule visite a été celle de Lewicki, qui s'est présenté à la nuit tombée, inquiet mais aussi curieux de voir comment j'avais supporté l'expérience. Il avait avec lui de la vodka, de la saucisse, du pain, du beurre, si bien que nous avons soupé comme des rois. Je me sentais plein de confiance, à nouveau, puisque les Allemands avaient organisé ce recensement dans le but de ramasser tous les Juifs cachés dans Varsovie d'un seul coup mais qu'ils ne m'avaient pas trouvé, moi…

Étant donné qu'il habitait assez loin, nous avions décidé qu'il ne viendrait me porter des vivres qu'une fois par semaine. En conséquence, il me fallait occuper mon temps d'une façon ou d'une autre entre chacune de ses apparitions, que j'attendais évidemment avec impatience. Je lisais beaucoup et j'ai appris à préparer des plats succulents grâce aux conseils culinaires de la femme du médecin. Un seul impératif : pas le moindre bruit. Je me déplaçais donc tout doucement, sur la pointe des pieds, redoutant à chaque instant de cogner un meuble ou de faire racler les pieds d'une chaise sur le plancher. Mais les murs n'étaient pas épais et un simple mouvement inconsidéré pouvait me trahir auprès de mes voisins. Par contre, je ne les entendais que trop bien, eux, et notamment ceux qui vivaient à gauche du palier.

À en juger par leurs voix, ces locataires étaient un jeune couple qui avait l'habitude de renouer ses échanges chaque soir en se dispensant mutuellement force petits noms d'animaux domestiques, « ma chatte », « mon poulet », etc. Après un quart d'heure de parfaite harmonie conjugale, cependant, le temps tournait à l'orage, la discorde éclatait et leur collection d'épithètes commençait à s'étendre à d'autres espèces animales pour finir invariablement avec le porc. À ce stade, une réconciliation devait se produire puisque le silence régnait un moment. Ensuite, je percevais une troisième voix, celle du piano sur lequel la jeune femme se mettait à taper avec entrain et un nombre respectable de fausses notes. Mais ce pianotage ne durait pas très longtemps, non plus, car bientôt s'élevaient des reproches ulcérés : « Ah ! d'accord, très bien, je ne joue plus, alors ! Tu n'écoutes jamais quand je fais de la musique ! » Et la querelle reprenait de plus belle, et désormais c'étaient des noms d'oiseaux qui pleuvaient...

En les écoutant, j'ai souvent pensé avec tristesse que j'aurais tant donné pour le bonheur de m'asseoir devant ce vieil instrument désaccordé qui était la cause de toutes ces scènes de ménage, à côté !

Les jours ont passé. Mme Malczewska ou Lewicki venait régulièrement m'apporter des vivres et des nouvelles du reste du monde. Ces dernières étaient désolantes – j'ai été navré d'apprendre que les troupes soviétiques avaient reperdu Kharkov et que les Alliés battaient en retraite en Afrique. Condamné à l'oisiveté, contraint la plupart du temps de rester seul avec mes idées noires, hanté par le destin affreux que ma famille avait connu, je replongeais rapidement dans la dépression. Quand j'allais regarder par la fenêtre, la circulation dans la rue me paraissait immuable et en voyant les Allemands aller et venir plus tranquillement que jamais je me disais que ce cauchemar serait sans fin. Et dans ce cas quel serait mon destin ? Après des années d'absurdes efforts et de souffrances inutiles, je serais découvert et on m'abattrait sommairement. La seule et unique forme d'espérance était d'arriver à me suicider avant de tomber vivant entre leurs mains.

Cette humeur funèbre n'a commencé à se dissiper qu'au moment où les Alliés sont repartis à l'offensive en Afrique, cette fois en remportant victoire sur victoire. Et puis, par une chaude journée de mai, j'étais en train de réchauffer un peu de soupe pour mon déjeuner quand Lewicki a bondi dans l'appartement, le souffle coupé d'avoir grimpé si vite les quatre étages. Dès qu'il a été en mesure de parler, il s'est empressé de m'annoncer la grande nouvelle : les derniers bastions africains de l'Axe étaient tombés.

Si seulement cela n'avait pas été si tard... Si les forces alliées avaient triomphé en Europe plutôt qu'en Afrique, à ce stade, j'aurais pu y trouver quelque réconfort, des raisons d'espérer. Et peut-être le soulèvement que préparaient alors les petits groupes de Juifs restés dans le ghetto aurait eu au moins une chance de réussir, certes minime mais... Car parallèlement à ces informations encourageantes en provenance du lointain continent africain, ce que Lewicki pouvait apprendre quant au destin tragique que connaissaient mes frères de Varsovie, cette poignée de Juifs qui avaient résolu envers et contre tout d'opposer une résistance active aux Allemands, était effrayant. Par les journaux clandestins qu'on me transmettait, j'ai suivi la poursuite du soulèvement dans le ghetto, les combats immeuble par immeuble, rue après rue, les lourdes pertes subies par les nazis. Malgré le recours à l'artillerie, aux chars et à l'aviation, il leur a fallu des semaines pour écraser les rebelles, dont les moyens militaires étaient dérisoires comparés aux leurs, mais ils étaient tous décidés à combattre jusqu'à la mort. Une fois, dans un bâtiment que les Allemands venaient de reprendre, les femmes encore à l'intérieur sont montées au dernier étage avec les enfants et ont préféré se jeter

161

dans le vide avec leur progéniture. Tard le soir, en me penchant par la fenêtre, j'apercevais les flammes monter du nord de la capitale, ainsi que de lourds nuages de fumée qui dérivaient dans le ciel étoilé.

Début juin, Lewicki est arrivé un jour que je ne l'attendais pas, et vers midi contrairement à son habitude. Mal rasé, les yeux cernés comme s'il n'avait pas dormi de la nuit, il avait l'air affolé.

« Habillez-vous ! m'a-t-il commandé dans un murmure.

— Que s'est-il passé ?

— Hier soir, la Gestapo a fait une descente dans la chambre que j'occupe chez M. et Mme Malczewski. Ils peuvent arriver ici d'un instant à l'autre. Il faut partir, tout de suite ! »

Partir ? En pleine journée, sans même la protection de l'obscurité ? C'était un suicide pur et simple, du moins pour moi. Mais Lewicki s'impatientait :

« Allons, allons ! m'a-t-il pressé en voyant que je restais les bras ballants au lieu de réunir en hâte quelques affaires dans un sac ainsi qu'il l'avait prévu, puis son ton s'est radouci quand il a essayé de me rassurer : Ne vous en faites pas ! Tout est prévu. Quelqu'un vous attend non loin d'ici, qui va vous conduire en lieu sûr… »

Je n'avais toujours pas l'intention de bouger. « Tant pis », ai-je pensé. Que Lewicki se mette à l'abri et la Gestapo ne le retrouverait pas. Quant à moi, si le pire devait arriver, j'aimais mieux perdre la vie ici que de me risquer à nouveau dans les rues. Je n'avais tout bonnement plus la force de fuir encore. Je ne sais comment j'ai réussi à expliquer tout cela à mon cher ami. Nous nous sommes donné l'accolade, presque certains de ne jamais nous revoir dans ce monde, puis il s'est glissé hors de l'appartement.

Je me suis mis à arpenter cette chambre qui une heure plus tôt m'avait semblé le plus sûr des refuges mais dans laquelle je me sentais désormais en cage. Oui, j'étais enfermé là comme un animal promis à l'abattoir et les bouchers seraient bientôt à l'ouvrage, enchantés par leur trouvaille… Moi qui n'avais jamais fumé, en attendant la mort ce jour-là j'ai consumé tout le paquet que Lewicki avait oublié en partant, une bonne centaine de cigarettes ! Mais elle tardait à venir, tardait encore. Sachant que la Gestapo aimait intervenir en soirée ou tôt le matin, je suis resté habillé dans le noir, les yeux fixés sur la rambarde du balcon à travers la fenêtre, guettant le moindre bruit venu d'en bas ou des escaliers. Les mots d'adieu de Lewicki résonnaient toujours en moi. Il avait déjà la main sur la poignée de la porte quand il était revenu en arrière, m'avait à nouveau serré dans ses bras et avait chuchoté : « Si jamais ils arrivent jusqu'ici, sautez par-dessus le balcon ! Ne les laissez pas vous capturer vivant… » Et pour me rendre la perspective d'un suicide plus supportable il avait ajouté sombrement : « Moi, j'ai du poison dans ma poche. Ils ne m'auront pas non plus ! »

Le temps passait, cependant. La rue s'était vidée peu à peu, les fenêtres de l'immeuble d'en face se sont éteintes l'une après l'autre mais les Allemands ne venaient toujours pas. Mes nerfs étaient tendus à se rompre, au point que je me surprenais parfois à souhaiter qu'ils enfoncent la porte au plus vite, si tel devait être mon sort. À un moment de la nuit, j'ai soudain opté pour une autre forme de suicide sans même discerner la raison de ce choix : il valait mieux me pendre que de me jeter du balcon. Simplement, cette fin-là me paraissait plus facile, plus discrète. Toujours dans l'obscurité, j'ai tâtonné dans la pièce à la recherche de ce qui pourrait faire office de corde. Il m'a fallu un long moment pour découvrir un bout d'épais cordon dissimulé derrière les livres d'une étagère.

J'ai retiré le tableau le plus proche, vérifié que le crochet était solidement planté dans le mur. J'ai préparé le nœud coulant... et j'ai attendu. La Gestapo ne s'est pas montrée.

Ils ne sont pas venus le lendemain ni les jours suivants. Mais le vendredi matin, vers onze heures, alors que j'étais étendu sur le divan après une autre nuit blanche ou presque, j'ai entendu des coups de feu éclater en bas. Je me suis précipité à la fenêtre : une rangée de policiers déployée sur toute la largeur de l'artère, d'une façade à l'autre, tirait à l'aveuglette dans la foule qui s'enfuyait devant eux. Après quelques minutes, des camions de SS sont apparus et toute une portion de la rue a été encerclée. Celle dans laquelle mon immeuble se trouvait. Des groupes d'officiers de la Gestapo ont commencé à entrer dans chaque bâtiment et à en ressortir peu après en poussant des hommes devant eux. Je les ai vus s'engouffrer sous mon porche...

Mon destin était scellé. J'ai rapproché une chaise pour atteindre le crochet plus facilement, j'ai vérifié le nœud coulant, puis je suis allé coller l'oreille contre la porte. J'ai entendu des Allemands crier quelques étages plus bas. Une demi-heure s'est écoulée. Un calme irréel s'est installé. Je suis allé risquer un coup d'œil à la fenêtre : les barrages avaient été levés, les véhicules SS avaient disparu.

J'étais en vie.

14

La trahison de Szalas

Lewicki avait disparu depuis une semaine, mais la Gestapo ne s'était toujours pas ruée dans l'appartement et je suis sorti progressivement de mon état de tension permanente. Un nouveau danger me menaçait pourtant : mes réserves de vivres étaient au plus bas. En fait, je n'avais plus que des haricots et un peu de céréales. Mon régime s'est limité à deux bols de soupe claire par jour, mais même en les économisant de la sorte mes provisions ne pouvaient guère durer. Un matin, j'ai vu une automobile de la Gestapo se garer en bas de mon immeuble. Deux SS sont entrés avec une feuille de papier en main. Convaincu qu'ils étaient là pour moi, je me suis préparé à mourir. Cette fois non plus, je n'étais pas la proie qu'ils recherchaient.

Je n'avais plus rien à manger. Deux jours durant, je ne me suis maintenu qu'avec de l'eau. Désormais, je n'avais d'autre alternative que de mourir d'inanition ou de me risquer dehors pour acheter du pain au premier marchand ambulant que j'apercevrais. Résigné au second choix, je me suis rasé de près, habillé avec soin et je suis sorti à huit heures du matin en adoptant une démarche aussi naturelle que possible. En dépit de mes traits qui ne pouvaient aucunement me classer parmi la « race aryenne », je suis passé inaperçu. Après avoir fait l'emplette d'une miche de pain, je suis retourné au plus vite dans ma cachette. On était le 18 juillet 1943 et c'est sur cette ration, la seule que mes moyens financiers me permettaient, que j'ai vécu dix journées consécutives.

Le 29, tôt dans l'après-midi, on a frappé discrètement à ma porte. Je n'ai pas bougé. Au bout d'un moment, j'ai entendu une clé s'introduire dans la serrure. Un homme jeune, que je ne connaissais pas, est entré sans bruit. Il a refermé en hâte derrière lui.

« Rien de suspect, aujourd'hui ? a-t-il chuchoté.

— Non. »

C'est seulement à cet instant qu'il a paru découvrir mon existence. Il m'a observé de haut en bas, les yeux écarquillés par l'étonnement.

« Vous êtes vivant, alors ? »

J'ai haussé les épaules, estimant que j'avais l'air assez en vie pour me dispenser de répondre. L'inconnu a souri puis, jugeant enfin qu'il était temps de se présenter, il m'a expliqué qu'il était le frère de Lewicki et qu'il était venu me prévenir qu'on m'apporterait à manger le lendemain, avant de me conduire à une autre cachette dans un proche avenir car la Gestapo recherchait toujours mon ami et risquait donc encore de surgir ici à tout moment.

Le jour suivant, l'ingénieur Gebczynski est en effet apparu avec un certain Szalas, un technicien radio actif dans la résistance et digne de toute confiance, selon lui. Gebczynski s'est jeté dans mes bras. Il était convaincu que j'avais dû mourir de faim ou d'épuisement, après tout ce temps resté seul. Il m'a raconté que tous nos amis communs s'étaient inquiétés pour moi mais qu'ils n'avaient pas été en mesure d'approcher de l'immeuble, soumis à une surveillance permanente par des agents en civil. Dès que la souricière avait paru être levée, il avait eu pour mission de venir chercher ma dépouille mortelle et lui assurer un enterrement décent... Enfin, a-t-il conclu, j'allais avoir dorénavant un protecteur en la personne de Szalas, que notre organisation clandestine m'avait affecté en permanence.

Drôle d'ange gardien, en vérité. Tous les dix jours, ou plus, il se glissait dans l'appartement, les mains pratiquement vides, et m'expliquait qu'il n'avait pas pu réunir assez d'argent pour plus de vivres. Je lui ai donc confié les rares objets personnels qui me restaient pour qu'il les vende. Presque toujours, cependant, il revenait en affirmant qu'on les lui avait volés, et chaque fois avec une ration à peine suffisante pour deux ou trois jours alors qu'il lui arrivait de disparaître deux semaines entières. Quand j'en arrivais à rester prostré sur mon lit, épuisé par les privations et résigné à la mort, il se souvenait de moi et me livrait juste de quoi rester en vie et de prolonger ainsi cette torture. Avec un grand sourire mais très visiblement l'esprit ailleurs, il me demandait alors : « Alors, on tient le coup ? »

Et c'était un fait, oui, même si la dénutrition, combinée à cette solitude désespérante, m'avait déclenché une jaunisse. Là encore, Szalas n'a pas semblé prendre mon état au sérieux. Très amusé, il m'a raconté l'histoire de son grand-père, lequel se faisait envoyer paître par sa petite amie chaque fois qu'il était atteint par une crise de foie, dans sa jeunesse. À ses yeux, ce n'était pas une « vraie » maladie... En guise de consolation, il m'a annoncé que les Alliés venaient de débarquer en Sicile.

Enfin, il a pris congé et s'est échappé dans l'escalier. Je ne l'ai plus jamais revu.

Dix jours ont passé, puis douze, puis quinze. J'étais si affaibli que je n'arrivais même plus à me traîner jusqu'au robinet. Si la Gestapo m'avait surpris à ce stade, je n'aurais pas été capable de me pendre. Je somnolais toute la journée, ne reprenant mes esprits que pour être atrocement tourmenté par la faim. Mon visage et mes membres étaient déjà tout enflés lorsque, contre toute attente, Mme Malczewska s'est matérialisée un matin à mon chevet. Je savais qu'avec son époux et Lewicki elle avait été obligée de fuir Varsovie pour se cacher. Elle n'a pas été moins surprise que moi : son intention était seulement de passer me dire bonjour car elle était certaine que j'étais régulièrement aidé et nourri. C'est elle qui m'a appris que Szalas avait collecté de l'argent pour moi à travers toute la ville, et une belle somme en plus, personne n'étant prêt à rechigner quand il s'agissait de sauver une vie. Il avait certifié à tous mes amis qu'il me rendait visite presque quotidiennement et que je n'avais besoin de rien.

Mme Malczewska n'est restée que peu de temps à Varsovie mais avant de repartir elle a tenu à me combler d'abondantes provisions et m'a promis de veiller à ce que quelqu'un de plus fiable s'occupe de moi. L'embellie a peu duré, hélas !

Le 12 août, vers midi, tandis que selon mon habitude je me préparais un bol de soupe, on a soudain frappé brutalement à ma porte. Ce n'était pas du tout la manière dont mes amis annonçaient leur arrivée, non, mais un martèlement insistant, agressif. Les Allemands ? Après le premier sursaut de panique, toutefois, j'ai noté que c'étaient des voix féminines qui accompagnaient le vacarme. L'une d'elles répétait : « Ouvrez immédiatement ! Ouvrez ou j'appelle la police ! »

Les coups redoublaient de violence. Ils ne pouvaient avoir qu'un motif : ayant découvert que je me cachais là, les autres habitants de l'immeuble avaient décidé de me livrer aux autorités avant d'être accusés de donner asile à un Juif.

Je me suis habillé en hâte, j'ai jeté mes partitions et quelques affaires dans un sac. Dehors, le calme est revenu un moment. Exaspérées par mon silence, les harpies avaient sans doute mis leur menace à exécution et se dirigeaient déjà vers le poste de police le plus proche. Sans bruit, je me suis glissé sur le palier pour tomber nez à nez avec l'une d'entre elles, qui de toute évidence était restée là pour monter la garde. Elle m'a résolument barré le passage.

« Vous vivez dans cet appartement, là ? a-t-elle demandé en montrant ma porte du doigt. Vous n'êtes pas recensé ! »

Je lui ai répondu que le locataire en titre était un de mes amis et que j'avais cru le trouver chez lui, explication qui ne tenait guère debout et n'a évidemment pas convaincu l'inquisitrice.

« Montrez-moi donc votre laissez-passer ! a-t-elle crié encore plus fort. Allez, tout de suite ! »

Ici et là, des voisins passaient la tête dans l'embrasure de leur entrée, ameutés par le scandale. Sans plus hésiter, j'ai écarté la femme de mon chemin et je me suis précipité dans les escaliers, poursuivi par ses glapissements : « Fermez la porte, en bas ! Vite ! Ne le laissez pas échapper ! »

Au rez-de-chaussée, j'ai croisé la concierge qui par chance n'avait pas compris ce que l'autre était en train de hurler. En quelques secondes, j'étais dans la rue et je m'éloignais en courant.

J'avais une fois encore échappé à la mort mais elle restait sur mes talons ; à une heure de l'après-midi, je me retrouvais en pleine rue avec une barbe hirsute, des cheveux qui n'avaient pas été coupés depuis des mois, dans un costume tout élimé et froissé… Sans parler de mes traits sémites. Comment ne pas attirer l'attention ? Je me suis jeté dans une ruelle adjacente, sans vraiment savoir où aller. Dans ce quartier, je ne connaissais que les Boldok, qui habitaient rue Narbutt. J'étais tellement nerveux que je me suis perdu, moi qui connaissais pourtant fort bien cette zone de la ville. Pendant près d'une heure, j'ai erré dans les artères les moins fréquentées avant d'arriver enfin à la destination que je m'étais fixée. J'ai longuement hésité devant la sonnette ; j'espérais trouver le salut derrière cette porte, bien sûr, mais je n'avais que trop conscience du danger que ma seule présence ferait courir à mes amis, car si j'étais découvert chez eux ils seraient abattus eux aussi. Je n'avais pas le choix, cependant.

Dès qu'ils m'ont ouvert, je leur ai promis de rester le moins possible, juste le temps de passer quelques appels téléphoniques pour trouver une nouvelle cachette. Mais ces tentatives n'ont donné aucun résultat : plusieurs de mes amis ne pouvaient m'héberger, d'autres étaient obligés de rester chez eux parce que le centre-ville était quadrillé par la police, nos réseaux clandestins ayant réussi le jour même à mener une attaque audacieuse sur l'une des principales banques de Varsovie. Comprenant ma situation, les Boldok, un ingénieur et son épouse, ont décidé de me laisser passer la nuit dans un appartement vide de leur immeuble dont ils avaient les clés.

Le lendemain matin, un autre de mes anciens collègues de la radio, Zbigniew Jaworski, s'est présenté. Il avait été alerté et se disposait à me prendre chez lui quelques jours. Un moment de répit, donc, sous le toit de braves gens qui ne voulaient que mon bien ! Le premier soir chez eux, j'ai pu prendre un bain puis nous avons partagé un délicieux dîner arrosé de schnaps, ce qui était trop pour mon foie, malheureusement. Malgré ce chaleureux accueil et surtout l'opportunité de pouvoir enfin parler après des mois de silence forcé, je comptais bien quitter mes hôtes au plus vite tant je craignais de les mettre en danger, et ce en dépit des efforts de Zofia Jaworska et de sa valeureuse mère, Mme Bobrownicka, qui insistaient toutes deux pour que je reste le temps qu'il faudrait.

Tous mes efforts en vue de trouver un nouvel hébergement ont cependant tourné court. Chaque fois, je me heurtais à un refus gêné que je comprenais, bien entendu, car ces gens risquaient la peine capitale en acceptant un Juif chez eux. J'étais plus abattu que jamais lorsque la providence est encore venue à mon secours *in extremis*, cette fois en la personne d'Helena Lewicka, la belle-sœur de Mme Jaworska. Alors qu'elle ne me connaissait même pas, il lui a suffi d'entendre le récit de ce qui m'était arrivé pour me prendre aussitôt sous son aile. Mon infortune lui a tiré des larmes quand son existence n'avait rien de facile et qu'elle avait de multiples raisons d'être affligée par le sort de nombre de ses proches ou de ses amis.

Le 21 août, après ma dernière nuit chez les Jaworski et tandis que la Gestapo écumait le quartier en mettant les nerfs de chacun à vif, j'ai été transféré dans un vaste complexe immobilier de l'allée Niepodleglosci. Ma dernière cachette avant le soulèvement polonais et l'anéantissement complet de Varsovie était un spacieux studio au quatrième étage équipé du gaz et de l'électricité mais sans eau courante. Il fallait descendre en chercher au robinet des toilettes collectives qui se trouvaient au rez-de chaussée. Mes voisins étaient tous des intellectuels bien plus cultivés que mes anciens voisins de la rue Pulawska. Le couple qui vivait le plus près de moi sur le même palier, tous deux très actifs dans la résistance, ne passait jamais la nuit chez lui. Cela présentait un risque potentiel pour moi, certes, mais je préférais de loin ce voisinage à celui de Polonais sans éducation prompts à me livrer à l'occupant par peur des représailles.

Tout autour de nous, la plupart des immeubles avaient été annexés par les Allemands et abritaient nombre d'officiers supérieurs de leur armée. Face à mes fenêtres, il y avait un grand hôpital encore en construction flanqué d'entrepôts où je voyais chaque jour des prisonniers de guerre soviétiques s'affairer à apporter ou à sortir de lourdes caisses. Cette fois, le hasard m'avait conduit au cœur d'un des secteurs les plus germanisés de Varsovie, droit dans la gueule du loup. Mais je n'en étais que plus en sécurité, peut-être...

En fait, je n'aurais eu qu'à me féliciter de ce nouvel abri si mon état de santé ne s'était pas dégradé rapidement, mon foie ne me laissant pas un instant de répit. Finalement, début décembre, les douleurs sont devenues si virulentes que j'ai eu toutes les peines du monde à me retenir de hurler. La crise a duré toute la nuit. Après avoir diagnostiqué une inflammation aiguë de la vésicule biliaire, l'ami médecin qu'Helena Lewicka avait fait venir à mon chevet a recommandé un régime alimentaire très strict. Grâce au ciel, je ne dépendais alors plus de la « protection » d'un individu tel que Szalas. Choyé par Helena, la meilleure et la plus dévouée des femmes, j'ai pu me tirer progressivement de ce mauvais pas et c'est ainsi que j'ai abordé l'année 1944.

Je tenais absolument à mener une vie aussi régulière que possible : le matin, de neuf à onze heures, je travaillais mon anglais puis je lisais deux heures ; ensuite, je me préparais à déjeuner et de nouveau c'était l'apprentissage de la langue de Shakespeare et la lecture jusqu'à la tombée de la nuit.

Pendant ce temps, les nazis accumulaient les défaites. Et désormais il n'était plus question de « contre-attaques » : selon la terminologie officielle, ils exécutaient un « repli stratégique » sur tous les fronts, opération que la presse décrivait comme un abandon de zones « stratégiquement négligeables » au profit d'une « densification des lignes opérationnelles » qui leur serait avantageuse. En dépit ou à cause de ces revers, le régime de terreur qu'ils imposaient sur les pays encore sous leur coupe n'a fait que s'intensifier. Les exécutions publiques dans les rues de Varsovie, sinistres mises en scène qui étaient apparues à l'automne, se produisaient désormais presque chaque jour. Systématiques jusqu'au bout, comme à leur habitude, les Allemands avaient encore le temps de détruire le ghetto jusqu'à ses fondations, à présent qu'ils l'avaient « nettoyé » de ses habitants, et ils ont donc entrepris de raser les bâtiments les uns après les autres, de les dynamiter rue après rue, expédiant les décombres hors de la ville par un système spécial de trains à voie étroite ; les « maîtres du monde », atteints dans leur honneur par le soulèvement juif, s'étaient juré de ne pas laisser debout une seule pierre du ghetto.

Au cours des premiers mois de l'année, la monotonie de mon existence a été bouleversée de façon très inattendue : un jour, quelqu'un s'est mis à attaquer ma porte avec autant de circonspection que d'opiniâtreté, en marquant des pauses sans doute inspirées par la prudence mais décidé visiblement à la forcer bientôt. Au début, je n'ai pas su qu'en penser et ce n'est qu'après d'amples réflexions que j'ai conclu qu'il s'agissait sûrement d'un cambrioleur. Ce qui me posait un problème inédit puisque nous étions l'un et l'autre des criminels devant la loi, moi pour le simple fait d'être né juif, lui en raison de ses activités... Une fois qu'il aurait forcé l'entrée, devais-je alors le menacer d'appeler la police ? Ou bien allait-il me brûler la politesse en me découvrant tapi à l'intérieur ? Allions-nous nous dénoncer réciproquement aux forces de l'ordre ou au contraire établir un pacte de non-agression en notre commune qualité de délinquants ? Le dilemme m'a été finalement épargné, puisqu'il a renoncé à son entreprise, mis en fuite par les protestations d'un locataire voisin.

Le 6 juin 1944, dans l'après-midi, Helena Lewicka est apparue chez moi, radieuse. Elle venait m'annoncer le débarquement des Américains et des Britanniques en Normandie. Aussitôt, nous avons appris qu'ils avaient enfoncé les lignes de défense allemandes et progressaient rapidement en territoire français. Une pluie d'excellentes nouvelles s'est ensuite abattue sur nous comme une bénéfique averse d'été : la France était libérée, l'Italie fasciste avait capitulé et l'armée Rouge, massée sur la frontière polonaise, avait déjà libéré Lublin.

Les raids aériens soviétiques se sont intensifiés sur Varsovie, en un feu d'artifice presque constant que je pouvais contempler de ma fenêtre. De l'est montait un grondement sourd, d'abord à peine audible puis toujours plus soutenu, c'était l'artillerie russe. Les Allemands évacuaient la ville, vidant jusqu'à l'hôpital inachevé en face de mon immeuble. Plein d'espoir maintenant, je les regardais s'agiter et mon cœur me disait que j'allais vivre et retrouver très bientôt la liberté. Le 29 juillet, Lewicki, que je n'avais pas revu depuis si longtemps, a surgi impétueusement. Il venait me prévenir que le soulèvement de Varsovie allait commencer d'un jour à l'autre. Nos réseaux se dépêchaient d'acheter des armes aux soldats allemands démoralisés par la débâcle du Reich. La livraison d'un lot de mitraillettes avait été confiée à Zbigniew Jarowski, celui qui m'avait accueilli si généreusement dans son appartement de la rue Falat et auquel je voue une reconnaissance éternelle. Hélas ! il était tombé sur des Ukrainiens, encore plus malfaisants que les Allemands : feignant de vouloir lui remettre les armes qu'il avait déjà payées, ils l'avaient entraîné dans la cour de l'Institut d'agriculture et l'avaient froidement abattu.

Le 1er août, vers quatre heures de l'après-midi, Helena Lewicka est arrivée en trombe. Elle voulait me faire descendre au plus vite dans la cave de l'immeuble car le soulèvement était imminent. Fidèle à un instinct qui m'avait déjà sauvé maintes fois, j'ai résolu de rester là où je me trouvais. Ma bienfaitrice m'a dit adieu les larmes aux yeux, comme si j'étais son propre fils. D'une voix émue, elle a murmuré : « Est-ce que nous nous reverrons, Wladek ? »

15

Prisonnier des flammes

Malgré le ton convaincu sur lequel Helena Lewicka m'avait affirmé que la révolte commencerait à cinq heures, soit quelques minutes après son départ, je me suis trouvé dans l'impossibilité d'y croire. Depuis le début de l'occupation, combien de rumeurs avaient circulé dans Varsovie sans jamais se concrétiser… D'ailleurs l'évacuation allemande, que j'avais été en mesure de vérifier de mes propres yeux par la fenêtre, cet exode désordonné de camions surchargés et d'automobiles en route vers l'ouest, avait marqué une pause au cours des derniers jours. Et le tonnerre de l'artillerie soviétique, si proche quelques nuits plus tôt, s'était nettement affaibli : il semblait s'être déplacé au-delà de la ville.

Je suis allé me placer à mon poste d'observation. La rue avait son aspect le plus normal, avec des piétons ici et là, peut-être plus clairsemés que d'habitude mais cette portion de l'allée Niepodleglosci n'était jamais très animée. Un tram en provenance de l'Institut de technologie s'est arrêté devant la station, presque vide. Quelques passagers en sont descendus : des femmes, un vieillard avec une canne puis trois jeunes gens, chacun avec un long paquet enveloppé de papier journal sous le bras. Ils se sont immobilisés à côté de la voiture de tête. L'un d'eux a consulté sa montre avant de lancer un regard à la ronde. Soudain, il a posé un genou à terre et porté son paquet à l'épaule. Une série de claquements secs ont retenti. À l'extrémité, le papier journal s'était enflammé, laissant apparaître le canon d'une mitrailleuse. Ses deux compagnons se sont alors placés en position de tir, eux aussi.

Ces premiers coups de feu ont eu un effet presque immédiat, comme s'ils avaient donné le signal à tout le quartier car le bruit des détonations a envahi les alentours. Et quand les rafales d'armes automatiques se taisaient un instant à la ronde on entendait des explosions venues du centre-ville, très denses également, un crépitement incessant qui faisait penser à de l'eau venue à ébullition dans une gigantesque bouilloire. En bas de chez moi, la rue s'était vidée instantanément. Il ne restait plus que le vieux monsieur qui se hâtait tant bien que mal à l'aide de sa canne, visiblement à bout de souffle. Au prix de grands efforts, il a fini par atteindre une entrée d'immeuble et il a disparu à son tour.

Je me suis rapproché du battant pour y coller l'oreille, percevant aussitôt l'agitation sur le palier et dans la cage d'escalier. Des portes s'ouvraient et se refermaient en claquant, des bruits de pas précipités se croisaient. « Jésus, Marie, Joseph ! » a crié un femme tandis qu'une autre, sans doute penchée sur la rampe, suppliait : « Sois prudent, Jerzy ! » et qu'une voix qui s'éloignait dans les étages inférieurs lui répondait « Oui, d'accord ! » Les voisines près de ma porte pleuraient, l'une d'elles était prise de sanglots convulsifs. J'ai entendu quelqu'un la consoler tout bas : « Ce ne sera pas long, tu sais. Et puis c'est ce que nous attendions tous, non ? »

Ainsi, Helena Lewicka avait dit vrai : le soulèvement avait commencé.

Je me suis étendu sur le canapé pour réfléchir à ce que j'allais faire. En partant, Mme Lewicka m'avait enfermé dans l'appartement, comme d'habitude. À double tour de la serrure et du cadenas qui gardaient la porte d'entrée.

Je suis retourné à la fenêtre. Des groupes de soldats allemands se tenaient sous les porches des immeubles, d'autres étaient en train d'arriver à leur rescousse du village de Mokotow. Ils étaient lourdement équipés de fusils automatiques et de grenades à la ceinture, déjà casqués. Mais il n'y avait pas de combat en cours dans cette partie de la rue. Les Allemands se contentaient de tirer de temps à autre sur les gens qui les observaient aux fenêtres, sans provoquer de riposte venue des bâtiments. Ce n'est qu'après avoir atteint le croisement de la rue du 6-Août qu'ils ont déclenché un feu nourri en direction de l'Institut de technologie et en sens opposé vers la station hydraulique.

J'ai pensé que je pourrais peut-être gagner le centre en passant par l'arrière de mon immeuble et en contournant la station, mais je n'avais pas d'arme et j'étais de toute façon bouclé dans l'appartement. Même si je me mettais à tambouriner contre la porte, les voisins avaient bien trop de soucis pour y prendre garde, et il me faudrait encore leur demander de descendre trouver l'amie d'Helena Lewicka, la seule habitante de l'immeuble à être au courant de ma présence ici. Elle avait les clés, elle, pour le cas extrême où elle devrait me libérer d'urgence de ma cachette. Finalement, j'ai résolu d'attendre le lendemain matin avant de décider de la marche à suivre, en fonction de la manière dont la situation allait évoluer.

Les tirs étaient de plus en plus nourris, entrecoupés des détonations plus sonores des grenades à main. Ou bien avaient-ils fait donner l'artillerie, maintenant, et c'étaient des obus que j'entendais ? À la tombée de la nuit, j'ai aperçu les premiers reflets des incendies, un rougeoiement encore hésitant dans le ciel en train de s'obscurcir. Il y a eu de brusques poussées de flammes, qui se sont éteintes peu à peu. Le fracas des combats s'est tu progressivement, lui aussi. Il ne restait plus que des explosions isolées, le bref staccato d'une mitrailleuse quelque part. Le silence était revenu également dans les escaliers de l'immeuble. Les locataires avaient dû se barricader chez eux, voulant sans doute assimiler les émotions de ce premier jour de soulèvement dans l'espace privé de leur domicile. Il était déjà tard quand j'ai brusquement basculé sans avoir le temps de me déshabiller dans le lourd sommeil que provoque une grande tension nerveuse.

Je me suis réveillé tout aussi brutalement, très tôt le matin. Dans l'aube qui pointait à peine, j'ai d'abord entendu un fiacre passer dans la rue. Je suis allé à la fenêtre. L'attelage arrivait au petit trot, la capote baissée, l'image même de la quotidienneté la plus tranquille. Il n'y avait personne d'autre dehors, sinon un homme et une femme qui marchaient sur le trottoir longeant mon immeuble. Ils avaient les mains en l'air, ce qui n'a pas manqué de m'intriguer puisque de ma place je n'apercevais aucun soldat allemand derrière eux. Soudain, ils ont bondi en avant, d'un même mouvement, et elle a crié : « À gauche, prends à gauche ! » Courant à toutes jambes, l'homme s'est engouffré dans un passage latéral, sortant de mon champ de vision. À ce moment, une volée de balles a sifflé. La femme s'est arrêtée ; tout en se tenant le ventre, elle s'est lentement affaissée au sol, comme un sac de blé, les jambes repliées sous elle. En fait, on aurait cru qu'elle s'agenouillait avec précaution tandis que sa joue droite venait se poser sur l'asphalte, puis elle est restée immobile, dans cette position aussi acrobatique que macabre.

Le crépitement des armes a repris à mesure que la lumière du jour s'imposait. Lorsque le soleil est apparu dans le ciel de Varsovie, très clair à cette époque de l'année, la ville entière résonnait de coups de feu et détonations. Et cette fois le grondement de l'artillerie lourde s'y mêlait avec toujours plus d'insistance.

Vers midi, l'amie de Mme Lewicka est venue me ravitailler et me donner quelques nouvelles. Pour ce qui était de notre quartier, ces dernières étaient loin d'être réjouissantes : les Allemands en avaient repris le contrôle pratiquement dès le début, laissant à peine le temps aux jeunes partisans de gagner le centre-ville au début du soulèvement, et il était donc hors de question de s'aventurer dehors. Il fallait attendre que des détachements venus du centre puissent se porter à notre rescousse.

« Mais je trouverai bien un moyen de passer entre les mailles ! ai-je voulu protester.

Elle m'a jeté un regard de pitié.

— Écoutez, voilà un an et demi que vous vivez entre quatre murs ! Vous n'aurez pas fait la moitié du chemin que vos jambes vont vous trahir. Elle a secoué la tête d'un air navré, m'a pris la main en ajoutant doucement : Non, vous feriez mieux de rester ici. Nous finirons bien par nous en sortir… »

Oui, elle gardait le moral, malgré tout. En silence, elle m'a entraîné à la fenêtre de la cage d'escalier, qui offrait une vue plus dégagée que celle du studio. Jusqu'à la station hydraulique, l'ensemble des villas de la résidence Staszic était en flammes. De là où nous étions, nous entendions les poutres enflammées se briser, les plafonds s'effondrer, des gens crier, encore des rafales de mitrailleuse… Ici, la fumée couvrait le ciel d'un dais brunâtre, funèbre, mais quand le vent le déplaçait un peu on apercevait des drapeaux rouge et blanc flotter sur l'horizon.

Les jours ont passé sans qu'aucune aide ne nous parvienne du centre de Varsovie. J'étais habitué depuis si longtemps à vivre coupé du reste de l'humanité, mon existence connue uniquement par une poignée d'amis, que je ne me résolvais pas à quitter ma tanière, à me présenter devant les autres habitants et à me faire accepter dans leur communauté d'assiégés. Être au courant de ma présence secrète ici ne pouvait que les accabler encore plus car si les Allemands découvraient qu'en plus de tout le reste ils avaient abrité un Juif parmi eux leur punition serait deux fois plus brutale. Et donc je me suis résigné au seul contact que je gardais avec le monde et qui consistait à écouter les conversations de couloir caché derrière ma porte, l'oreille collée au battant. Les informations que je recueillais ainsi n'avaient rien d'encourageant : des combats acharnés faisaient rage dans le centre, mais les résistants ne recevaient pas de soutien de l'extérieur de la capitale, et dans notre secteur les nazis intensifiaient les représailles. Rue Langiewicz, les miliciens ukrainiens avaient laissé les occupants d'un immeuble incendié brûler jusqu'au dernier, tout en mitraillant ceux des bâtiments voisins.

C'était non loin de là que le grand acteur Mariusz Mszynski avait été tué.

La voisine d'en dessous a cessé de me rendre visite, peut-être parce que quelque tragédie affectant ses proches lui avait fait oublier mon existence. Mon stock de vivres était au plus bas, à nouveau, se limitant désormais à quelques biscottes en tout et pour tout.

Le 11 août, j'ai senti l'anxiété collective monter d'un cran dans l'immeuble. J'avais beau écouter à ma porte, je n'arrivais pas cependant à en comprendre la raison. Tous mes proches voisins étaient descendus dans les étages inférieurs, d'où me parvenait seulement un concert de voix animées qui s'est soudain mué en chuchotements indistincts. De ma fenêtre, je voyais de petits groupes quitter subrepticement les immeubles alentour et se glisser de temps à autre dans le nôtre. Plus tard, ils sont repartis de la même manière. Vers le soir, j'ai été surpris d'entendre les locataires d'en bas monter les escaliers en courant. Certains se sont arrêtés sur mon palier. À ce qu'ils murmuraient d'un ton épouvanté, j'ai compris que des Ukrainiens avaient pénétré dans notre bâtiment. Cette fois, pourtant, ils n'étaient pas là pour nous assassiner mais pour piller les caves. Après avoir passé un moment à rafler les provisions qui s'y trouvaient, ils ont quitté les lieux.

Dans la nuit, j'ai entendu des bruits suspects à ma porte. Quelqu'un a fait tourner la serrure et enlevé le cadenas, mais n'est pas allé plus loin. Au contraire, ce mystérieux visiteur a tourné les talons puis dévalé les escaliers en courant. Quelle signification cela pouvait-il avoir ? Ce jour-là, j'avais vu des tracts voler dans toute la rue. « On » les avait jetés là, certes, mais qui ?

Le lendemain, vers midi, la panique a de nouveau saisi

l'immeuble. Les gens couraient d'un étage à l'autre, s'interpellaient. En mettant bout à bout les exclamations terrorisées que je pouvais saisir, j'ai fini par comprendre que les Allemands avaient encerclé le bâtiment et qu'il fallait l'évacuer au plus vite car ils se disposaient à le détruire au canon. Ma première réaction a été de m'habiller et de me ruer dehors mais j'y ai aussitôt renoncé – il suffirait que j'apparaisse sur le trottoir pour être immédiatement abattu par les SS. J'ai entendu des coups de feu en bas, puis une voix perçante, suraiguë, s'est élevée : « Tout le monde dehors, s'il vous plaît ! Sortez tous, s'il vous plaît ! »

J'ai entrebâillé la porte pour jeter un coup d'œil à la cage d'escalier, qui était à nouveau vide et silencieuse, puis je suis descendu au palier intermédiaire pour gagner la fenêtre qui donnait rue Sedziowska. Le canon d'un char était pointé juste sur l'étage de mon appartement. Soudain, il y a eu un éclair aveuglant, le véhicule a reculé d'une secousse et j'ai été assourdi par le bruit tandis qu'un mur s'écroulait non loin. Des soldats aux manches relevées couraient en tous sens avec des bidons métalliques à la main. Bientôt, une fumée noire venue de la base de la façade a commencé à monter dans l'escalier. Plusieurs SS se sont jetés dans l'immeuble et je les ai entendus gravir les étages. En quelques secondes, j'étais retourné m'enfermer dans le studio, j'avais versé dans ma paume le contenu du flacon de somnifères que je gardais depuis mes douleurs au foie et j'avais ouvert ma petite fiole d'opium, bien décidé à avaler les comprimés et la drogue dès qu'ils seraient à ma porte.

Et puis sur une impulsion que je serais encore incapable d'analyser rationnellement, un appel de l'instinct de survie, j'ai changé tous mes plans. Déjà j'étais ressorti sur le palier et j'avais agrippé l'échelle qui conduisait au grenier. Je l'ai escaladée, tirée à moi puis j'ai refermé la trappe d'accès. Pendant ce temps, les Allemands étaient au troisième, frappant à chaque appartement avec la crosse de leurs fusils. L'un d'eux s'est risqué au quatrième et il est entré dans mon studio, mais ses comparses devaient trouver qu'il devenait dangereux de s'attarder ici car ils l'ont hélé avec insistance : « Allez, on se tire de là, Fischke ! »

J'ai attendu que leurs pas précipités s'éteignent au rez-de-chaussée pour quitter en rampant le grenier, où je risquais d'être asphyxié d'un moment à l'autre par l'épaisse fumée sortie des conduits de ventilation de tout le bâtiment. Revenu dans ma chambre, j'ai voulu me persuader qu'ils avaient seulement mis le feu aux étages inférieurs en guise d'avertissement, et que mes voisins allaient revenir dès que leur permis de résidence aurait été vérifié. Prenant un livre au hasard, je me suis installé sur le canapé et me suis efforcé de me plonger dans la lecture. Comme je n'arrivais pas à en retenir un seul mot, toutefois, j'ai reposé le livre et j'ai fermé les yeux, résigné à patienter jusqu'à ce que mes oreilles surprennent une voix humaine dans les parages.

C'est seulement au crépuscule que je me suis décidé à m'aventurer une nouvelle fois sur le palier. Entre-temps, le studio s'était empli de vapeurs et de fume-rolles tandis que les lueurs de l'incendie teintaient ma fenêtre en rouge. Dans la cage d'escalier, la fumée était si dense que je ne distinguais plus les barres de la rampe. Les craquements secs du brasier en pleine activité montaient d'en bas, ponctués par la déflagration des poutres en train de se rompre et le fracas des meubles dégringolant des planchers éventrés. Comme il était désormais impossible de descendre, je suis allé à la fenêtre du palier. L'immeuble était encerclé par un cordon de SS qui se tenaient à quelque distance. Aucun civil en vue. Il était clair que le feu faisait rage dans toute la bâtisse et que les Allemands attendaient simplement qu'il parvienne jusqu'à la charpente.

Telle allait donc être ma mort, finalement... Elle qui m'avait guetté sans relâche depuis cinq ans, et à laquelle j'avais pu échapper jour après jour, elle me rattrapait ici, en cet instant. J'avais souvent tenté d'imaginer sous quel masque elle se présenterait à moi, j'avais envisagé d'être capturé, torturé puis fusillé ou jeté dans une chambre à gaz, mais je n'ai jamais eu l'idée que je finirais brûlé vif.

Je ne pouvais que rire de l'insondable ingéniosité du destin, capable de me surprendre au tout dernier moment. Je me sentais très calme, apaisé par la certitude absolue que je ne pouvais plus rien faire pour en changer le cours. Mes yeux erraient à travers la pièce, dont la fumée rendait maintenant les contours indistincts. Dans cette pesante obscurité, je ne reconnaissais plus ces lieux, ils me semblaient chargés de mystère. J'avais de plus en plus de mal à respirer, j'étais pris de vertiges et un bourdonnement continu résonnait dans mon crâne : les signes avant-coureurs de l'asphyxie à l'oxyde de carbone.

Je suis retourné m'étendre sur le canapé. Pourquoi me laisser dévorer par les flammes quand je pouvais encore m'échapper grâce aux barbituriques, ai-je soudain pensé. Et comme cette mort allait être plus facile que celle qu'avaient connue mes parents, mes sœurs et mon frère, gazés à Treblinka ! En ces ultimes minutes, je me suis efforcé de ne penser qu'à eux, à eux seuls.

J'ai retrouvé les comprimés. Je les ai versés dans ma

bouche et j'ai avalé. Je cherchais la fiole d'opium pour rendre la fin plus certaine mais je n'ai pas eu le temps de l'atteindre : sur un estomac vide, affamé depuis des jours, l'action des somnifères a été fulgurante.

J'ai sombré dans l'inconscience

16

Une ville meurt

Je suis resté en vie. Ainsi, les barbituriques étaient moins puissants que je ne l'avais cru… Je me suis réveillé à sept heures du matin, nauséeux, les tympans bourdonnants, les tempes douloureuses sous la pulsation affolée de mon sang, les yeux hors de la tête, les membres ankylosés. En réalité, c'est un désagréable chatouillement à la gorge qui m'a tiré du sommeil : une mouche se déplaçait sur mon cou, aussi abrutie par la fumée que moi, à demi morte également. Il m'a fallu réunir toutes mes forces pour commander à ma main de la chasser de là.

J'avoue que ma première réaction n'a pas été la déception d'avoir raté ma mort mais au contraire la joie de me découvrir toujours vivant. Avec une délectation primale, enivrante, je savourais le simple fait d'être encore là, d'avoir été prisonnier d'un immeuble en flammes et d'en avoir réchappé. La question était maintenant de continuer à survivre.

Je suis resté un moment sans bouger, à retrouver mes esprits, puis j'ai glissé à bas du divan et je me suis traîné jusqu'à la porte. L'atmosphère était encore chargée de particules noircies, la poignée tellement brûlante qu'à ma première tentative je l'ai lâchée aussitôt. Surmontant la douleur, j'ai fini par la tourner. La fumée était moins dense sur le palier que dans le studio, même si elle continuait à affluer par les hautes baies calcinées qui délimitaient hier encore la cage d'escalier. En tout cas elle ne masquait plus les marches. Il était désormais possible de s'y risquer.

Serrant les dents, j'ai attrapé la rampe et je me suis engagé dans les escaliers. Le troisième étage avait été ravagé par les flammes, qui ne trouvaient plus que les embrasures des portes sur lesquelles s'activer. Derrière elles, dans l'air surchauffé, des restes de meubles rougeoyaient encore en tas cendreux, une lueur incandescente dessinant l'espace qu'ils avaient jadis occupé.

Aux abords du premier étage, un cadavre carbonisé obstruait les marches. Il était pris dans la gangue brûlée de ses vêtements, et horriblement enflé. Si je voulais poursuivre mon chemin, j'étais obligé de passer par-dessus. Je me suis préparé à l'enjamber péniblement mais à ma première tentative mon pied a été arrêté par le ventre distendu et j'ai perdu l'équilibre. Tombé en avant, j'ai dévalé en boule une moitié d'étage, entraînant le mort dans ma chute. Quand je me suis relevé, le cadavre était derrière moi et j'ai pu continuer à descendre sans encombre. Arrivé au rez-de-chaussée, je me suis glissé dans la cour, qui était entourée d'un petit mur couvert de lierre. À deux mètres de l'immeuble en feu, il y avait un renfoncement dans lequel je me suis avancé, puis je me suis dissimulé derrière un camouflage improvisé de vrilles, de feuilles et de plants de tomate qui poussaient dans les parages.

La fusillade ne s'était pas calmée, loin de là. Des balles sifflaient par-dessus le mur et j'entendais des Allemands crier de l'autre côté, sur le trottoir. Vers le soir, la façade que j'avais en face de moi a commencé à se lézarder. Si le bâtiment qui m'avait abrité s'effondrait, j'allais être enterré vivant sous les décombres mais j'ai tout de même attendu qu'il fasse sombre avant de bouger. Je devais, encore me rétablir de mon intoxication de la nuit précédente.

Revenu dans la cage d'escalier à la nuit tombée, je n'ai pas osé monter les marches. Les appartements brûlaient autant qu'en début de journée et les flammes avaient peut-être atteint mon étage, depuis… Je me suis creusé la tête à la recherche d'une autre solution, jusqu'à trouver celle qui m'a paru la meilleure : le grand hôpital de l'autre côté de l'allée Niepodleglosci, cette bâtisse inachevée qui avait été transformée en entrepôt de la Wehrmacht. C'est là que je devais essayer de me réfugier.

J'ai gagné la rue par la sortie de service de l'immeuble. À cause de la lumière rougeoyante des incendies, l'obscurité n'était pas complète. La large chaussée était jonchée de cadavres, parmi lesquels celui de la femme que j'avais vue se faire faucher par les balles au deuxième jour du soulèvement. Je me suis couché à plat ventre et j'ai commencé à ramper en direction de l'hôpital, en m'arrêtant très souvent car des soldats allemands passaient sans cesse, isolés ou en groupes. À chaque fois, je faisais le mort, suffoqué par la puanteur des corps en décomposition, qui se mêlait à l'odeur âcre des brasiers. Dès que je le pouvais, je reprenais mon avance, mais j'avais l'impression que je ne serais jamais capable d'atteindre l'autre côté de l'avenue. Au bout de ce qui m'a paru des heures, je suis enfin arrivé au bâtiment sombre et désert. J'y suis entré par la première porte qui s'est présentée à moi, je me suis recroquevillé dans un coin et je me suis endormi instantanément.

Au matin, je suis parti dans une prudente exploration des lieux. Ce que j'ai découvert ne m'a pas rassuré : entassés partout, des lits, des matelas, des ustensiles de cuisine, de la vaisselle, des objets de la vie courante que les Allemands devaient venir souvent chercher là. Rien à manger, par contre. Dans le coin le plus retiré, un débarras encombré de vieux poêles, de tuyaux et de ferraille m'a semblé la cachette la plus sûre. C'est là que j'ai passé les deux journées suivantes.

Le 15 août, selon mon calendrier de poche, que j'avais gardé avec moi et sur lequel j'allais ensuite cocher soigneusement les jours, la faim est devenue si intolérable que j'ai décidé de me risquer dans les couloirs à la recherche d'un peu de nourriture. Ma quête n'a rien donné.

À un moment, je me suis hissé sur l'appui d'une fenêtre bouchée par des planches et j'ai observé la rue par une fente. Des essaims de mouches s'agglutinaient aux cadavres restés sur la chaussée. Un peu plus loin, au coin de la rue Filtrowa, il y avait une villa que les habitants avaient inexplicablement pu continuer à occuper. Ils étaient sur leur terrasse, en train de boire du thé, une image irréelle de normalité dans ce quartier dévasté. Un détachement de soldats de Vlassov [1] conduits par des SS est arrivé de la rue du 6-Août. Ils ramassaient les morts,

---

1. Andreï Vlassov, général russe prisonnier des Allemands et passé à leur service en 1942, commandait une « armée » de déserteurs soviétiques pour le compte des nazis. Capturé en 1945, il a été pendu un an plus tard. *(N.d.T.)*

les jetaient en tas et les faisaient brûler après les avoir arrosés d'essence.

Soudain, j'ai entendu des pas qui se rapprochaient dans le couloir. Je suis descendu sans bruit de la fenêtre et je me suis caché derrière une caisse. Un SS est entré dans la pièce où je me trouvais. Il a jeté un rapide regard à la ronde et il a disparu. Dès que le silence est revenu, je me suis glissé dans l'escalier et je suis remonté me tapir dans mon débarras. Mais peu après c'est toute une unité SS qui a pénétré dans l'immeuble et qui a entrepris de le passer au peigne fin. L'oreille tendue, je suivais leur avance. Ils riaient, plaisantaient, sifflaient, et bientôt la question capitale a fusé de l'autre côté de la porte : « Bon, on a regardé partout, alors ? » Ils ne m'ont pas trouvé.

Deux jours plus tard, soit cinq avec le ventre complètement vide, je suis reparti en quête d'un bout de pain et d'un peu d'eau. Il n'y avait pas d'eau courante dans l'immeuble inachevé, mais j'ai aperçu des seaux alignés près d'une entrée, en prévision d'un incendie vraisemblablement. Une pellicule de saleté couvrait le contenu, des insectes morts flottaient à la surface et cependant je me suis jeté dessus avidement. Au bout de quelques gorgées j'ai dû m'arrêter à cause de l'odeur pestilentielle de cette eau saumâtre, et parce que je ne pouvais éviter d'avaler des araignées ou des mouches. Plus loin, dans l'atelier de menuiserie, j'ai découvert quelques croûtes de pain. Moisies, couvertes de poussière et de crottes de souris, mais un véritable trésor pour moi. Le menuisier édenté qui les avait détachées pour ne garder que la mie ne se doutait certes pas que son geste allait me sauver la vie.

Le 19 août, au milieu de cris terribles et de coups de feu, les Allemands ont fini par expulser les habitants de la villa au coin de la rue Filtrowa. J'étais désormais seul dans toute cette partie de la ville. Et les SS surgissaient de plus en plus souvent dans le bâtiment. Combien de temps allais-je pouvoir survivre dans ces conditions ? Une semaine ? deux ? Ensuite, il n'y aurait plus que le suicide, à nouveau, mais cette fois je ne disposais plus que d'une lame de rasoir, avec laquelle je me couperais les veines. J'ai trouvé un peu d'orge dans un sac. Je l'ai mis à cuire sur le poêle de l'atelier, attendant la nuit noire pour l'allumer, et cela m'a donné de quoi tenir quelques jours de plus.

Le 30 août, j'ai résolu de retourner dans les ruines de mon ancien immeuble, qui paraissaient enfin éteintes. À une heure du matin, avec une cruche d'eau croupie à la main, j'ai traversé l'avenue à pas de loup. J'avais d'abord pensé me cacher dans le sous-sol, mais les tas de charbon y brûlaient encore car les Allemands revenaient attiser le feu. Finalement, j'ai trouvé refuge dans l'un des appartements dévastés au troisième étage. La baignoire était remplie à ras bord d'une eau sale mais précieuse, et dans le garde-manger, que les flammes avaient épargné, j'ai trouvé un sachet de biscottes.

Au bout d'une semaine, assailli par un affreux pressentiment, j'ai encore changé de cachette. Je suis monté au grenier, ou plutôt à la plate-forme qui béait tout en haut du bâtiment puisque la charpente s'était écroulée dans l'incendie. Ce même jour, les miliciens ukrainiens ont écumé à trois reprises tous les appartements du bas, pillant ce que le feu n'avait pas détruit. Quand ils sont enfin partis, je suis redescendu là où je m'étais tapi. Les Ukrainiens étaient allés jusqu'à démolir le poêle en faïence, croyant sans doute trouver de l'or derrière les carreaux.

Le lendemain, les soldats ont bouclé l'avenue dans toute sa longueur. Une foule chargée de baluchons, les enfants accrochés aux jupons de leurs mères, a dû défiler entre deux cordons de SS et de miliciens ukrainiens, qui ont fait sortir plusieurs hommes du cortège et les ont abattus sur place, sans aucune raison, tout comme dans le ghetto au temps où celui-ci existait encore. La révolte s'était-elle achevée par notre défaite, alors ?

Mais non. Le pilonnement de l'artillerie a continué jour après jour. En fendant les airs, les obus produisaient un son qui ressemblait au vrombissement d'un énorme taon ou, pour moi qui me trouvais près de la ligne de feu, à celui du remontoir d'une vieille horloge. Puis, venues du centre-ville, de fortes explosions s'égrenaient régulièrement.

Plus tard, le 18 septembre, des escadrilles d'avions sont passées au-dessus de Varsovie, laissant une traînée de parachutes derrière elles. Étaient-ce des renforts envoyés à la rebellion ou des munitions, je n'aurais su le dire. Ensuite, les secteurs de la capitale sous contrôle allemand ont été soumis à des bombardements aériens et de nouveaux lâchers eurent lieu sur le centre. Parallèlement, le grondement des canons à l'est s'est à nouveau renforcé.

Ce n'est que le 5 octobre que j'ai vu des groupes de rebelles escortés hors de la ville par des hommes de la Wehrmacht. Certains portaient l'uniforme polonais, d'autres étaient en civil, avec seulement un brassard rouge et blanc au bras. Leur apparence contrastait fortement avec celle des soldats qui les surveillaient, impeccables, bien nourris, pleins de morgue et couvrant de quolibets leurs prisonniers tout en photographiant ou en filmant cette preuve patente de l'échec de la rébellion

Maigres, sales, chancelants, les captifs ne prêtaient aucune attention aux simagrées de leurs geôliers. On aurait cru qu'ils descendaient l'allée Niepodleglosci de leur propre gré, conservant une grande discipline dans leurs rangs, les plus valides aidant les blessés à marcher, les yeux fixés droit devant eux, sans un regard pour le champ de ruines qu'ils étaient en train de traverser. Oui, malgré leur piètre allure ils donnaient l'impression que la défaite n'était pas pour leur camp.

Ensuite, l'exode des civils encore présents dans la capitale s'est écoulé par l'avenue huit jours durant, d'abord en masse puis en groupes toujours plus restreints. C'était comme de voir le sang et la vie s'échapper d'un homme tout juste assassiné, à gros bouillons qui s'amenuisent peu à peu… Les derniers sont passés au pied de mon immeuble le 14 octobre, alors que la nuit était déjà tombée : une petite horde de traînards que des SS poussaient en avant et que j'ai suivis des yeux, à peine penché à la fenêtre dont le cadre avait brûlé, jusqu'à ce que les ténèbres engloutissent ces silhouettes fuyantes, déformées par leurs pauvres baluchons.

Je restais seul, désormais, avec pour toutes ressources une poignées de biscottes et plusieurs baignoires d'eau noircie. Combien de temps allais-je survivre dans ces conditions, alors que les jours raccourcissaient à l'approche de l'automne et que la menace de l'hiver approchait ?

17

La gnôle ou la vie

Je vivais dans une solitude extrême, unique. J'étais seul dans un immeuble abandonné, dans un quartier déserté, mais aussi au milieu d'une ville entière, qui deux mois plus tôt seulement vibrait d'une population d'un million et demi d'âmes, et comptait parmi les plus riches cités d'Europe. Elle était maintenant réduite aux cheminées des bâtiments effondrés qui pointaient encore vers le ciel, à quelques murs épargnés par les bombes. Une ville de ruines et de cendres sous lesquelles gisaient la culture millénaire de mon peuple et des centaines de milliers de victimes en train de pourrir dans la chaleur d'un bel automne, dégageant une odeur innommable.

Il y avait cependant des êtres qui se risquaient furtivement dans ces décombres : la canaille venue des abords de la ville, une pelle sur l'épaule, pour fouiller les caves à la recherche d'un quelconque butin et pour rôder tant que le jour durait. Une fois, l'un de ces pillards a choisi mon immeuble. Il était exclu que je le laisse me voir. Personne ne devait connaître ma présence ici. Alors qu'il s'était déjà aventuré deux étages plus bas, j'ai hurlé d'une voix brutale, menaçante : « Qu'est-ce que c'est ? Fiche le camp ! *Rrrraus !* » Il a décampé tel un rat aux abois : le dernier des gueux mis en fuite par les cris du dernier pauvre diable encore en vie dans ces parages…

Vers la fin octobre, alors que je me trouvais en observation dans le grenier, une de ces bandes de hyènes a été pincée par les Allemands. J'entendais les malfrats tenter de se tirer d'affaire en criant : « On vient de Pruszkow, de Pruszkow ! » et en montrant l'ouest avec de grands gestes. Les soldats ont pris quatre de ces hommes, les ont alignés contre un mur et les ont abattus au revolver, sourds à leurs supplications pleurnichardes. Puis ils ont obligé les autres à creuser une fosse dans le jardin d'une des villas et à jeter les corps dedans avant de disparaître dare-dare. Depuis cet incident, même les voleurs ont évité ce secteur et ma solitude a été complète.

Novembre approchant, le froid s'est installé, notamment la nuit. Pour ne pas basculer dans la folie, j'ai résolu de me fixer une discipline de vie immuable. J'avais gardé mes deux seuls trésors, mon stylo à encre et ma montre Omega d'avant guerre que je chérissais comme la prunelle de mes yeux, la remontant scrupuleusement pour qu'elle m'aide à respecter mon emploi du temps intangible. En fait, je passais toutes mes journées allongé afin d'économiser mes faibles forces, ne sortant de mon immobilité qu'à midi, pour prendre une biscotte et une tasse d'eau, en veillant à économiser au maximum mes réserves. Du matin jusqu'à cette maigre collation, je restais les yeux fermés, à repasser dans ma tête toutes les partitions que j'avais pu exécuter dans ma vie, mesure par mesure, ligne par ligne. Cet exercice mnémotechnique allait s'avérer fort utile par la suite : lorsque j'ai recommencé à travailler après guerre, je connaissais toujours mon répertoire et j'avais même mémorisé des œuvres entières, comme si je n'avais cessé de pratiquer la musique pendant toutes ces années. Ensuite, de midi au crépuscule, je concentrais mon esprit sur les livres que j'avais lus, je répétais en moi-même des listes de vocabulaire anglais, je me dispensais des cours muets en cette langue, me posant des questions et essayant d'y répondre sans faute. À la nuit tombée, je m'endormais pour me réveiller vers une heure du matin. Là, je partais à la recherche de nourriture à la lueur d'allumettes dont j'avais découvert une réserve dans l'un des appartements qui n'avait pas entièrement brûlé. Dans les caves ou dans ce qui avait été des intérieurs bien tenus avant de se muer en ruines, je trouvais ici un peu d'avoine, là quelques bouts de pain rassis, ou de la farine moisie, ou de l'eau au fond d'un seau... Je ne sais combien de fois j'ai dû contourner le cadavre carbonisé sur les marches au cours de ces expéditions. Il était le seul compagnon dont je n'aie pas à redouter la présence.

Une nuit, je suis tombé sur une trouvaille exceptionnelle dans l'une des caves : un demi-litre d'alcool, que j'ai résolu de garder jusqu'à la fin de la guerre.

Pendant la journée, tandis que je restais étendu sur le sol, Allemands ou Ukrainiens revenaient souvent dans le bâtiment, animés par l'espoir de trouver encore quelque chose à piller. Chacune de ces incursions était une épreuve terrible pour mes nerfs car je redoutais qu'ils ne finissent par me découvrir. Ils ne se sont toutefois jamais aventurés jusqu'au grenier, et ce même si j'ai décompté plus de trente visites impromptues de ce genre.

Le 15 novembre, la première neige de l'hiver est tombée. Le froid venait toujours plus me tourmenter sous la pile de chiffons et de hardes que j'accumulais sur moi et qui était maintenant recouverte d'une épaisse couche de flocons blancs quand je me réveillais. Certes, la litière que je m'étais confectionnée était protégée par un pan de toit encore intact mais la neige s'engouffrait dans le grenier ouvert à tout vent.

Un jour, j'ai improvisé un miroir en tendant un tissu sous un morceau de vitre que j'avais trouvé. Au début, je n'ai pas pu me reconnaître dans l'effrayante apparition que j'ai eue sous les yeux, dans cet amas de cheveux sales, cette barbe hirsute qui me mangeait le visage et ne laissait visibles qu'un peu de peau noircie, des paupières enflammées et un front couvert de croûtes.

Ce qui m'abattait le plus, cependant, c'était de rester dans une totale ignorance de ce qui se passait sur le front et du côté des rebelles. Le soulèvement de Varsovie avait été écrasé dans le sang, sur ce point je ne pouvais cultiver aucune illusion, mais peut-être la résistance se poursuivait-elle aux abords de la ville, à Praga par exemple, sur l'autre rive de la Vistule ? J'entendais encore des départs d'artillerie par là-bas, et de temps à autre un obus venait s'abattre dans les ruines, souvent assez près de mon immeuble, éveillant des échos métalliques dans le silence du quartier calciné. Et dans le reste de la Pologne, quelle était la situation ? Où les troupes soviétiques se trouvaient-elles, maintenant ? À quel stade en était l'offensive alliée à l'ouest ? Ma vie dépendait entièrement des réponses à ces questions, car même si les Allemands ne me découvraient pas je ne pourrais pas continuer très longtemps dans ces conditions : j'allais périr d'inanition, ou de froid.

Après avoir découvert à quoi j'en étais arrivé à ressembler, j'ai décidé de consacrer une partie de mes modestes réserves d'eau à me laver. Je me suis aussi disposé à allumer un feu dans l'un des poêles de cuisine encore en état de marche, et d'y faire cuire le reste de mon avoine. Moi qui n'avais rien mangé de chaud depuis près de quatre mois, je souffrirais moins du froid avec un bol de bouillie dans le ventre. Mais pour ce bain et ce repas cuisiné, j'allais devoir quitter ma tanière en plein jour, dérogeant à mon organisation habituelle. Tant pis, me suis-je dit.

J'étais déjà dans les escaliers quand j'ai aperçu des soldats allemands sur l'autre trottoir, en train de s'activer sur la palissade en bois qui entourait l'hôpital militaire. La perspective de la bouillie d'avoine était devenue si obsédante que je n'ai pas fait machine arrière, cependant. J'avais l'impression que j'allais m'évanouir si je ne me réchauffais pas tout de suite.

À peine entré dans la pièce, j'ai entendu les bottes SS gravir les marches. Je suis reparti à toutes jambes vers le grenier et... je leur ai échappé ! Comme à leur habitude, ils se sont contentés de rôder un peu sans monter jusqu'à mon perchoir. Le terrain à nouveau libre, je suis revenu à la cuisine que j'avais choisie. En guise de combustible, je me suis mis à tailler des copeaux de bois dans une porte à l'aide d'un couteau rouillé qui traînait par là. Soudain, une écharde d'un bon centimètre s'est plantée sous l'ongle de mon pouce droite. Malgré toutes mes tentatives, je n'ai pas réussi à l'extraire tant elle était profondément enfoncée. Dans le contexte, cet incident mineur était porteur de graves conséquences puisque je n'avais pas de désinfectant et que les bactéries pullulaient au milieu de toute cette saleté. Même en admettant que l'infection reste cantonnée à ce doigt et ne se répande pas dans tout mon système sanguin, je risquais d'en garder un pouce déformé, ce qui mettrait une fin définitive à ma carrière de pianiste. Toujours dans l'hypothèse que je sois encore en vie quand la paix reviendrait, bien sûr. Je me suis résigné à laisser passer un jour : si nécessaire, j'irais alors chercher l'écharde sous l'ongle avec ma lame de rasoir.

J'en étais à ce point de mes navrantes réflexions, les yeux fixés sur ma main, quand j'ai à nouveau entendu des bruits de pas. J'ai battu encore une fois en retraite vers le grenier. Trop tard : je me suis retrouvé nez à nez avec un soldat armé d'un fusil. Sous son casque en acier, ses traits étaient impassibles et ne respiraient pas l'intelligence.

En réalité, il avait été aussi effrayé que moi par cette soudaine rencontre dans un immeuble fantôme, mais il a cherché à se donner un air menaçant et, dans un polonais très approximatif, m'a demandé ce que je fabriquais là. Je lui ai répondu que j'étais l'un des habitants expulsés du quartier, que je ne vivais plus ici mais que j'étais revenu chercher quelques affaires. Ma seule apparence rendait cette explication tout à fait grotesque. L'Allemand a braqué son fusil sur moi et m'a enjoint de le suivre. D'accord, ai-je répliqué, mais alors il aurait ma mort sur la conscience, tandis que s'il acceptait d'oublier ma présence je lui offrirais en retour un demi-litre de bon alcool… Il s'est montré agréablement surpris par cette rançon inattendue, tout en me laissant comprendre qu'il ne manquerait pas de revenir et que je devrais encore lui trouver quelque spiritueux.

Dès que j'ai été seul, je suis remonté en hâte au grenier, j'ai retiré l'échelle et j'ai fermé la trappe. Ainsi que je m'y attendais, un quart d'heure ne s'était pas écoulé qu'il revenait, accompagné cette fois de plusieurs de ses camarades et d'un sous-officier. Quand les voix et les bruits de pas se sont rapprochés, j'ai escaladé tant bien que mal le pan de toit resté intact et je me suis couché dessus, les pieds contre la gouttière pour me retenir sur la pente très inclinée, en priant pour qu'elle ne cède pas sous mon poids. Elle a tenu et, au lieu de m'écraser dans la rue cinq étages plus bas, j'ai pu constater que cette nouvelle idée, qui m'était venue en toute dernière extrémité, signifiait que ma mort était encore retardée ; après avoir inspecté tout l'immeuble et entassé des tables et des chaises pour se hisser dans le grenier, les Allemands n'ont pas cherché à vérifier le toit, certains qu'il aurait été impossible de s'y cacher. Ils sont repartis bredouilles, en jurant et en me traitant de tous les noms.

J'ai été tellement traumatisé par cette alerte que j'ai décidé d'adopter une organisation encore plus draconienne : dorénavant, je passerais mes journées étendu sur le pan de toit et je ne redescendrais dans le grenier qu'à la nuit tombée. Le corps gelé par les plaques de zinc, bras et jambes ankylosés à force de rester dans une position aussi pénible, j'endurais cette souffrance en me répétant qu'elle n'était qu'une épreuve de plus après toutes celles que j'avais déjà traversées. Une semaine s'est néanmoins écoulée avant que l'unité allemande dont les hommes savaient que je me cachais ici soit envoyée ailleurs, son temps de corvée à l'hôpital terminé.

Le jour suivant, ce sont des civils flanqués par des SS qui les ont remplacés. Il était presque dix heures du matin lorsque, aplati sur mon toit pentu, j'ai soudain entendu une rafale de balles s'abattre tout près de moi. Elles venaient d'une carabine ou d'un fusil automatique, produisant une succession de sifflements modulés, comme si une troupe d'hirondelles passait à tire-d'aile au-dessus de ma tête, et une pluie de cartouches ricochait tout autour. Je me suis retourné. Deux Allemands juchés sur le toit de l'hôpital me tiraient dessus. J'ai glissé à bas du toit et je me suis précipité vers la trappe du grenier, courbé en deux. « Stop ! Stop ! », leurs cris me poursuivaient et les balles continuaient à siffler mais j'ai atterri indemne sur le palier.

Il n'était plus temps de réfléchir. Ma dernière cachette venait d'être découverte, il n'y avait plus de place pour moi dans cet immeuble. J'ai dévalé les escaliers. Débouchant rue Sedziowska, j'ai couru me perdre dans les ruines des villas qui avaient jadis formé la résidence Staszic.

Comme tant de fois déjà, ma situation était désespérée. Les restes de mur derrière lesquels je me dissimulais ne pouvaient receler les moindres restes de nourriture, ni de l'eau, ni même une cachette un tant soit peu fiable. Après un moment, pourtant, j'ai avisé un grand bâtiment dont la façade principale donnait sur l'allée Niepodleglosci et l'arrière sur Sedziowska, l'unique immeuble à plusieurs étages de la zone. Je m'en suis approché prudemment. De plus près, on s'apercevait que le cœur de la bâtisse avait entièrement brûlé mais que les parties latérales étaient pratiquement intouchées. Ici, les appartements étaient encore meublés, les baignoires toujours pleines depuis l'époque du soulèvement, quand les habitants les avaient remplies d'eau en prévision des incendies, et les pillards n'avaient pas entièrement dévalisé les garde-manger.

Suivant mon instinct et mes habitudes, je suis monté droit au grenier. Le toit était en bon état, à peine endommagé par des éclats d'obus ici et là, et donc il faisait nettement plus chaud que dans l'immeuble qui m'avait abrité jusqu'alors. Mais il serait impossible de m'échapper sur la toiture, ici, ni même de me donner la mort en me jetant dans le vide si j'étais cerné. Au dernier étage en mezzanine, il y avait un petit vitrail par lequel je pourrais surveiller les environs. Aussi pratique et confortable qu'ait été ce nouveau gîte, je ne m'y sentais pourtant pas à l'aise ; peut-être parce que je m'étais accoutumé à l'autre ? De toute façon, je n'avais pas le choix.

Je suis descendu à mon poste d'observation. Sous mes yeux, j'avais des centaines de pavillons incendiés, une fraction entière de ville frappée par la mort. Dans les petits jardins, les monticules de tombes fraîchement creusées se succédaient à l'infini. Une colonne de travailleurs, pelle ou pioche à l'épaule, descendait la rue en rangées de quatre. Constatant qu'il n'y avait pas un seul uniforme alentour, et encore sous le coup de ma fuite précipitée, j'ai brusquement été envahi par le besoin impérieux d'entendre une voix humaine, de nouer une conversation normale. Quel que soit le risque encouru, il fallait que je parle à ces hommes. J'ai dévalé les escaliers. Ils s'éloignaient déjà. Je leur ai couru après.

« Vous êtes polonais ? » ai-je lancé, tout essouflé.

Ils se sont arrêtés et m'ont dévisagé avec étonnement. Celui qui menait le groupe a fini par me répondre :

« Oui.

— Qu'est-ce que… qu'est-ce que vous faites, par ici ? »

Après quatre mois de silence total, n'étaient les trois mots balbutiés devant le soldat avec lequel j'avais échangé ma vie contre une demi-bouteille de gnôle, j'étais bouleversé.

« On creuse des tranchées. Et toi, alors ?

— Moi ? Je me cache.

Il m'a considéré avec ce que j'ai pris pour une nuance de pitié.

— Viens avec nous. Tu peux travailler, toi aussi. Tu auras droit à la soupe. »

De la soupe ! Rien qu'à imaginer un bol de vrai bouillon fumant, j'ai été saisi de crampes à l'estomac, si violentes que j'ai été à deux doigts de les suivre. J'en voulais, de cette soupe ! Je ne désirais qu'un repas digne de ce nom, même une seule fois, même si je devais être tué aussitôt après ! Mais j'ai réussi à surmonter cet instant d'égarement.

« Non. Je ne vais pas avec les Allemands.

Leur chef a eu un sourire où le cynisme se mêlait à une ironie moqueuse.

— Oh, je ne sais pas... ils ne sont pas si méchants, les Allemands ! »

C'est là qu'un détail m'a frappé, un détail auquel je n'avais jusqu'alors pas prêté attention : il était le seul à s'exprimer, alors qu'aucun des autres n'avait ouvert la bouche. Il portait un brassard coloré au bras, orné d'un symbole que je ne reconnaissais pas. Et il y avait quelque chose de veule dans son expression, aussi désagréable que sa façon de ne jamais me regarder dans les yeux quand il s'adressait à moi, de laisser son regard se perdre par-dessus mon épaule droite.

« Non, ai-je répété. Merci, mais c'est non.

— Comme tu voudras », a-t-il grommelé entre ses dents.

J'ai tourné les talons. Ils repartaient déjà quand je me suis retourné pour leur lancer un « au revoir » attristé.

Assailli par un mauvais pressentiment, ou peut-être guidé par un instinct de survie que j'avais eu plus que l'occasion d'aiguiser pendant toutes ces années, je ne suis pas retourné au grenier que j'avais choisi pour cachette. Au contraire, je me suis dirigé vers l'un des pavillons les plus proches, comme si je m'apprêtais à y retrouver mon abri habituel, dans la cave par exemple. Arrivé sur le pas de la porte calcinée, j'ai encore tourné la tête. La colonne continuait son chemin, mais le chef du groupe me surveillait du coin de l'œil, cherchant à voir où j'allais.

J'ai attendu qu'ils aient disparu pour me glisser en haut de l'immeuble et je me suis posté devant le vitrail. Dix minutes plus tard, le civil au brassard était de retour, flanqué de deux policiers auxquels il a montré du doigt la villa où il me croyait tapi. Ils y sont entrés, puis ils ont inspecté d'autres pavillons alentour mais sans jamais s'approcher du grand bâtiment. Ils avaient peut-être peur de tomber sur une unité de rebelles qui n'auraient pas quitté Varsovie, qui sait ? Tout au long de la guerre, nombreux sont ceux qui ont eu la vie sauve grâce à la couardise des Allemands, ces derniers n'aimant faire montre de courage que s'ils étaient sûrs d'avoir une écrasante supériorité en nombre et en moyens sur leur ennemi.

Au bout de deux jours, je suis parti en quête de vivres. Cette fois, j'avais l'intention de m'en procurer en quantité suffisante pour ne pas avoir à ressortir de ma cachette trop souvent. Je devais mener mes recherches en plein jour car les lieux ne m'étaient pas encore très familiers et sans lumière j'aurais fini par me perdre. Dans l'une des cuisines, j'ai trouvé un placard qui contenait plusieurs boîtes de conserve, ainsi que des boîtes et des sacs dont j'ai entrepris d'inspecter le contenu avec soin. Très absorbé à dénouer des cordes et à dévisser des couvercles, je n'ai rien entendu jusqu'à ce qu'une voix s'élève soudain, juste dans mon dos.

« Mais qu'est-ce que vous fabriquez ici ? »

Un officier allemand était adossé au comptoir de la cuisine, les bras croisés sur la poitrine. Il était grand, avec beaucoup de prestance.

« Que faites-vous là ? a-t-il répété à voix basse. Alors vous ne savez pas que l'état-major des forces spéciales de Varsovie doit s'installer dans ce bâtiment d'un jour à l'autre ? »

18

Le *Nocturne* en *ut* dièse mineur

Je me suis laissé tomber sur la chaise qui se trouvait près du placard. Je sentais brusquement, avec la certitude instinctive du somnambule, que mes forces me trahiraient si je tentais d'échapper à ce nouveau coup du sort. Alors je suis resté à ma place, haletant, fixant d'un regard morne cette apparition. Un long moment s'est écoulé avant que je puisse balbutier :

« Faites ce que vous voulez de moi. Je ne bougerai pas d'ici.

— Je n'ai pas l'intention de vous faire quoi que ce soit ! a répliqué l'officier en haussant les épaules. Eh bien, quel est votre métier ?

— Je… je suis pianiste. »

Il m'a observé avec une attention accrue, d'un air clairement soupçonneux, puis son regard a dérivé vers le reste de l'appartement. Il venait d'avoir une idée, apparemment.

« Vous voulez bien venir avec moi ? »

Nous sommes passés à côté, dans ce qui avait été la salle à manger, puis encore dans une autre pièce où un piano se dressait contre l'un des murs. Il a pointé l'index sur l'instrument.

« Jouez quelque chose ! »

Comment ? Monsieur l'officier ignorait-il que tous les SS des environs allaient arriver en courant dès qu'ils entendraient les premières notes ? Je l'ai dévisagé avec perplexité, sans bouger, et il a dû percevoir mon embarras puisqu'il a ajouté d'un ton rassurant :

« Ne vous inquiétez pas, je vous assure. Si quelqu'un vient, vous irez vous cacher dans le garde-manger et je dirai que c'est moi qui voulais l'essayer, ce piano... »

Quand j'ai posé mes doigts sur le clavier, j'ai senti qu'ils tremblaient. Habitué que j'avais été à gagner ma vie en plaquant des accords, je devais donc la sauver maintenant de la même manière ! **Quel change-ment !**... Et ces doigts agités de frissons, privés d'exercice depuis deux ans et demi, raidis par le froid et la saleté, embarrassés par des ongles que je n'avais pu couper depuis l'incendie qui avait failli m'emporter ! Pour ne rien arranger, l'instrument se trouvait dans une pièce dont les fenêtres avaient été brisées et les réactions de sa caisse imprégnée d'humidité seraient sans doute désastreuses.

J'ai joué le *Nocturne* en *ut* dièse mineur de Frédéric Chopin [1]. Le son vitreux des cordes mal tendues s'est répandu dans l'appartement désert, est allé flotter sur les ruines de la villa d'en face pour revenir en échos étouffés, d'une rare mélancolie. Lorsque j'ai terminé le morceau, le silence n'en a semblé que plus oppressant, irréel. Un chat solitaire s'est mis à miauler dans la rue. Puis il y a eu

---

1. Il s'agit de l'opus 27, n° 1 (7), composé en 1834-1835. *(N.d.T.)*

un coup de feu en bas, ce bruit agressif, sans appel, si typiquement allemand…

L'officier me regardait sans rien dire. Au bout de quelques minutes, il a poussé un soupir avant de murmurer :

« En tout cas vous ne devez pas rester ici. Je vais vous sortir de là. En dehors de Varsovie, dans un village, vous serez moins en danger.

J'ai secoué la tête, lentement mais avec fermeté.

— Non, je ne partirai pas. Je ne peux pas.

À cette réponse, il a sursauté. Il venait enfin de comprendre pour quelle raison je me cachais parmi ces ruines, visiblement.

— Vous… vous êtes juif ? m'a-t-il demandé d'une voix oppressée.

— Oui. »

Pour la première fois depuis notre rencontre, il a décroisé les bras et s'est assis dans le fauteuil qui flanquait le piano, comme si cette révélation demandait à être mûrement considérée.

« Euh, oui, certes… Sa voix était à peine audible. Dans ce cas je comprends, en effet… Il est resté plongé dans ses réflexions, puis une autre question lui est venue. Votre cachette, où est-elle ?

— Le grenier.

— Montrez-moi comment c'est, là-haut. »

Nous sommes montés ensemble. Il a inspecté les lieux avec un soin et une compétence qui lui ont permis de découvrir ce que je n'avais pas encore remarqué moi-même : à l'aplomb du faîtage, juste au-dessus de l'entrée, il y avait une soupente en planches pratiquement impossible à discerner dans la pénombre. Aussitôt, il m'a déclaré que je ferais mieux de me cacher dans ce recoin, puis il m'a aidé à chercher une échelle pour y accéder. Une fois en sécurité sur ce perchoir, je n'aurais qu'à l'enlever et à la ranger près de moi.

Tandis que nous concevions et mettions en application cette idée, il m'a demandé si j'avais de quoi manger. Je lui ai répondu que non. N'était-ce pas lui qui m'avait interrompu dans mes recherches, après tout ?

« D'accord, ne vous souciez pas de cela, s'est-il empressé d'affirmer, comme s'il regrettait la surprise qu'il m'avait causée en apparaissant dans la cuisine. Je vous apporterai des vivres. »

C'est alors que je me suis enhardi jusqu'à poser à mon tour une question, qui me brûlait la langue depuis trop longtemps.

« Vous êtes allemand ? »

Si je l'avais insulté, son visage n'aurait pas viré au rouge plus soudainement. Il était tellement mal à l'aise qu'il ne contenait plus sa voix lorsqu'il s'est écrié en retour :

« Oui, oui ! Et honteux de l'être, après tout ce qui s'est passé… »

D'un geste sec, il m'a tendu la main et il m'a laissé là, interdit.

Trois jours se sont écoulés avant qu'il revienne. Il faisait déjà nuit noire quand j'ai entendu quelqu'un chuchoter sous ma cachette :

« Hé, vous êtes là ?

— Je suis là, oui. »

Il y a eu un bruit sourd sur les planches. Quelque chose lourd venait d'atterrir près de moi. À tâtons, j'ai deviné la forme de plusieurs pains enveloppés dans des journaux, ainsi qu'une masse molle que je n'ai pas identifiée sur-le-champ mais qui s'est avérée être un sac de confiture en papier huilé. Poussant de côté ce précieux paquet, je me suis penché vers le vide :

« Attendez !

La voix qui montait des ténèbres était tendue, nerveuse.

– Quoi donc ? Allons, dépêchez-vous ! Les gardes m'ont vu entrer. Je ne peux pas m'attarder.

– L'armée soviétique ? Où est-elle, maintenant ?

– Ils ont déjà atteint Praga, de l'autre côté de la Vistule. Pratiquement Varsovie. Il faut que vous teniez encore quelques semaines. La guerre ne durera plus longtemps, maintenant. D'ici le printemps, au plus tard... »

Le silence est revenu, tellement pesant que je n'arrivais pas à savoir si l'officier était toujours là ou s'il s'était esquivé comme il était venu. Brusquement, il a repris la parole :

« Vous devez tenir le coup, vous m'entendez ? »

Cela sonnait presque comme un ordre mais j'ai compris que ce ton péremptoire n'avait qu'un but : il voulait me manifester sa certitude que la paix serait bientôt de retour pour chacun d'entre nous. Quelques secondes plus tard, j'ai entendu la porte du grenier se refermer tout doucement.

D'une monotonie implacable, les jours ont défilé. Vers le fleuve, l'artillerie grondait de moins en moins souvent. Il pouvait s'écouler vingt-quatre heures sans que je ne surprenne un seul départ de canon. Aujourd'hui encore, je ne sais pas comment je n'aurais pas fini par renoncer à tout, en ces temps sans espoir, et à me supprimer ainsi que je m'y étais déjà préparé tant de fois, s'il n'y avait pas eu ces journaux dans lesquels l'Allemand avait emballé le pain qu'il s'était risqué à m'apporter. Car elles contenaient les toutes dernières nouvelles, ces feuilles froissées, et je ne me lassais pas de les relire : la débâcle du Reich sur tous les fronts y était détaillée, et l'avance irrésistible des Alliés.

Ainsi que l'officier me l'avait appris, les équipes logistiques étaient déjà à pied d'œuvre pour préparer l'installation de l'état-major dans ces locaux. Les soldats allaient et venaient dans l'escalier, montant souvent jusqu'au grenier afin d'y entreposer de lourdes caisses. Mais nous avions judicieusement choisi ma cachette car personne ne notait l'existence de cette soupente, apparemment... L'immeuble était pourtant maintenant soumis à une surveillance permanente. J'entendais les gardes en faction arpenter le trottoir jour et nuit, martelant le sol de leurs bottes pour empêcher leurs pieds de geler. Cela ne m'empêchait pas de visiter les étages dévastés lorsque j'avais besoin d'eau et que l'obscurité régnait depuis longtemps, ayant repéré l'emplacement des baignoires remplies à ras bord.

La dernière apparition de l'énigmatique Allemand s'est produite le 12 décembre. Il m'apportait une provision de pain encore plus généreuse que la précédente, ainsi qu'un édredon bien chaud. Il m'a annoncé qu'il allait quitter la capitale avec son unité mais que je ne devais pas perdre espoir, en aucun cas, puisque l'offensive soviétique était imminente.

« Quoi, ici, à Varsovie ?

— Oui !

— Mais il y aura des combats rue par rue ! me suis-je exclamé, pris d'effroi. Comment pourrais-je en réchapper ?

Il m'a contemplé gravement, cherchant la réponse la plus appropriée.

– Écoutez ! Si nous avons survécu à cet enfer depuis déjà cinq ans, vous et moi, ce n'est pas par hasard. C'est parce que Dieu veut que nous restions en vie. Ou à tout le moins… ou à tout le moins c'est ce dont nous devons être convaincus ! C'est ce qu'il faut croire. »

Nous nous étions déjà dit adieu et il allait partir lorsqu'une idée m'est venue au tout dernier moment. Depuis longtemps je cherchais un moyen de lui témoigner ma gratitude, sans trouver. Il avait catégoriquement refusé d'accepter mon seul trésor, ma montre, que je lui avais offert de bon cœur.

« Attendez ! Je lui ai pris la main et j'ai continué d'une voix pressante : Je ne vous ai jamais dit mon nom et… vous ne me l'avez pas demandé, mais maintenant je voudrais que vous le gardiez en mémoire. Qui sait ce que l'avenir nous réserve ? Vous êtes encore très loin de chez vous. Si je m'en sors, je recommencerai certainement à travailler à la radio polonaise. Comme avant la guerre. S'il vous arrive quoi que ce soit, si je peux vous aider d'une quelconque manière, retenez mon nom : Szpilman, à Radio Pologne. »

Il a eu ce sourire bien à lui, à la fois dubitatif et gêné, mais j'ai senti qu'il était touché par mon souhait sincère d'être en mesure de l'aider un jour, aussi naïf qu'il ait pu paraître dans ce contexte.

Les grands froids sont arrivés à la mi-décembre. Dans la nuit du 13, j'ai découvert que toutes les réserves d'eau que je connaissais dans l'immeuble avaient gelé. Près de l'entrée de service, épargnée par les flammes, j'ai trouvé une bouilloire et une casserole dont le contenu avait été également transformé en bloc de glace. Revenu dans la soupente, j'ai gratté la surface de la casserole mais les quelques copeaux glacés que j'ai posés sur ma langue n'ont pas suffi à étancher ma soif. Alors j'ai eu recours à une autre technique : couché sous l'édredon, j'ai posé l'ustensile sur mon ventre nu. Après un moment, la glace s'est mise à fondre et j'ai obtenu de l'eau. Ce procédé m'a encore servi les jours suivants, car le froid restait intense.

Noël est venu, puis le nouvel an 1945, le sixième depuis le début de la guerre et pour moi le pire. Il n'était pas question de fêter, même humblement, le passage à une autre année. Je suis resté dans le noir, à écouter le vent arriver en tempête sur la toiture, malmener les gouttières endommagées qui pendaient encore des corniches, renverser les meubles dans les appartements que les vitres ne protégaient plus. Entre deux rafales de cette bise hivernale qui hurlait à travers les ruines, j'entendais les souris et de gros rats couiner et s'affairer dans le grenier ; ils se risquaient parfois sur mon édredon et me couraient sur la figure pendant que je dormais, laissant la marque de leurs griffes sur ma peau.

Pour m'occuper l'esprit, j'ai repensé à tous les Noëls que j'avais vécus, avant et pendant la guerre. Au début, j'avais un foyer, des parents, des sœurs et un frère. Ensuite, nous avions perdu notre maison mais nous étions restés ensemble, au moins. Puis je m'étais retrouvé seul, quoique au sein d'un groupe. Et maintenant j'étais devenu sans doute l'être le plus esseulé au monde. Même le héros de Defoe, Robinson Crusoé, cet archétype de la solitude humaine, avait gardé l'espoir qu'un de ses semblables apparaisse, il s'était consolé en se répétant que cela finirait par se produire et c'était ce qui l'avait maintenu en vie. Alors que moi, il me suffisait de surprendre des pas pour être pris d'une terreur mortelle et pour aller me cacher au plus vite. L'isolement absolu était la condition de ma survie.

Le 14 janvier, j'ai été réveillé par des bruits inhabituels dans la rue et dans mon immeuble. Des automobiles s'arrêtaient, repartaient, des soldats montaient et descendaient les escaliers en se hélant avec des voix impatientes. Ils transportaient des fardeaux hors du bâtiment, certainement pour les charger dans ces véhicules. Le lendemain, tôt dans la matinée, l'artillerie a recommencé à gronder sur le front de la Vistule, jusqu'alors silencieux. Les obus n'atteignaient pas le quartier où je me trouvais, et cependant les murs et le sol tremblaient sous ce tonnerre constant, les plaques de zinc du toit vibraient, le plâtre s'effritait sur les parois intérieures... Ce devait être ces fameuses roquettes soviétiques, les « katyouchas » dont nous avions tant entendu parler avant le soulèvement de Varsovie. En proie à une joyeuse excitation, j'ai cédé à une impulsion qui, dans ma situation, constituait une impardonnable folie : j'ai avalé une casserole d'eau entière !

Trois heures plus tard, le pilonnage de l'artillerie lourde s'est arrêté peu à peu mais je n'ai pas retrouvé mon calme pour autant. Cette nuit-là, je n'ai pas fermé l'œil. Si les Allemands décidaient de défendre les ruines de la capitale, le combat rue par rue risquait de commencer d'un instant à l'autre et je pouvais être tué, un obus ou une balle perdue venant mettre un point final à mes tribulations.

Le silence n'a été rompu qu'aux premières heures du matin, et par le son auquel je m'attendais le moins : celui de puissants haut-parleurs installés quelque part non loin de l'immeuble. Ils diffusaient un communiqué annonçant, en langue polonaise, la défaite de l'Allemagne et la libération de Varsovie.

Les nazis s'étaient retirés sans se battre.

Dès qu'il a fait assez jour, je me suis préparé fiévreusement à ma première sortie hors du bâtiment. Mon officier m'avait laissé un manteau militaire allemand dans lequel je m'enveloppais quand je descendais chercher de l'eau, et je l'avais déjà enfilé quand j'ai soudain entendu le pas cadencé des soldats dans la rue, ce bruit si familier... Les Soviétiques et les Polonais avaient-ils battu en retraite, brusquement ? Abasourdi, perdu, je suis retombé sur ma couche, où je suis resté prostré jusqu'à ce que mes oreilles perçoivent quelque chose d'absolument bouleversant, quelque chose dont j'avais été privé pendant des mois : des voix de femmes et d'enfants, qui se parlaient et se répondaient calmement, comme si la guerre n'avait été qu'un cauchemar. D'un coup, l'ancien temps était de retour, l'époque où les mères pouvaient aller dans la rue, se rencontrer, promener leurs petits... J'ai dévalé les escaliers et j'ai passé la tête par la porte d'entrée pour observer l'avenue. C'était un matin brumeux. Dans la lumière grise, à ma gauche, pas très loin, j'ai vu une femme soldat campée sur le trottoir, son uniforme difficilement identifiable à cette distance. Une autre femme, un ballot sur le dos, arrivait de la droite. Quand elle été à quelques pas, je me suis risqué à la héler :

« Bonjour. Euh, excusez-moi... »

La gorge serrée, je n'ai pu que lui faire signe d'approcher. Elle m'a regardé fixement puis, laissant tomber sa charge, elle a détalé à toutes jambes en hurlant : « Un Allemand, un Allemand ! »

La soldate a pivoté sur ses talons. Dès que ses yeux se sont posés sur moi, elle a levé son pistolet automatique et elle l'a déchargé sur moi. Les balles ont déchiré le mur, me couvrant de poussière de plâtre. Sans réfléchir, je me suis jeté dans l'escalier et je suis remonté à mon refuge.

Quelques minutes plus tard, lorsque je me suis glissé jusqu'au vitrail, j'ai constaté que l'immeuble avait déjà été encerclé. J'ai entendu des miliciens s'interpeller en descendant dans les caves, puis il y a eu des coups de feu, des explosions de grenades…

Cette fois, la passe que je traversais était aussi dramatique qu'absurde : j'allais être abattu par des volontaires polonais, dans Varsovie enfin libéré, alors que mes souffrances devaient s'achever, et cela à cause d'une confusion idiote ! Affolé, j'ai essayé de trouver le moyen de leur expliquer que j'étais un compatriote avant qu'ils ne m'expédient dans l'autre monde en croyant punir un Allemand en fuite. À ce moment, un nouveau groupe s'est présenté devant l'immeuble. Ils portaient un uniforme bleu. Ainsi que j'allais l'apprendre plus tard, c'était un détachement de gardes-frontières qui passait dans l'avenue par hasard et avait été appelé à la rescousse par les soldats. J'avais donc deux unités appartenant à deux armes différentes contre moi.

Je me suis mis à descendre les marches une par une, en criant de toutes mes forces :

« Je suis polonais ! Ne tirez pas ! Je suis polonais ! »

Très vite, des bruits de pas précipités sont montés des étages inférieurs. Et puis le visage juvénile d'un officier polonais, l'aigle national sur son béret, est apparu derrière la balustrade. Il me tenait en joue

« Les mains en l'air ! »

Comme je reprenais mes vociférations, il est devenu rouge de colère et a hurlé en retour :

— Polonais ? Alors pourquoi il faut venir te chercher

217

jusqu'ici, nom d'un chien ? Et ce manteau allemand, qu'est-ce que tu fais avec ? »

Il a fallu que lui et ses hommes m'examinent plus attentivement, acceptent d'écouter mes explications et se concertent avant de parvenir à la conclusion que je n'étais pas allemand. Ils m'ont annoncé qu'ils allaient m'emmener à leur base afin que je puisse me laver et me restaurer, mais je n'étais pas encore pleinement rassuré : ne me réservaient-ils rien d'autre, là-bas ?

De toute façon, je n'étais pas en mesure de les suivre tout de suite. Il fallait d'abord que j'accomplisse le vœu que je m'étais fait pendant ces mois de solitude absolue, et qui consistait à embrasser le premier Polonais que je rencontrerais à la chute du règne nazi. Cela s'est révélé moins simple que je ne l'avais imaginé : le jeune lieutenant s'est longtemps refusé à se prêter à ce caprice, se protégeant derrière toutes sortes d'arguments, à l'exception de celui qui motivait réellement sa réticence mais qu'il était trop charitable pour exprimer de but en blanc. C'est seulement après que je l'eus gratifié d'un baiser qu'il a sorti une petite glace de sa poche, l'a placée devant ma figure et m'a glissé avec un sourire : « Là, tu peux constater quel bon patriote je fais, maintenant ! »

Après deux semaines de repos et de bons traitements dans leur caserne, enfin propre et rasé, j'ai pu retrouver les rues de Varsovie en homme libre, sans éprouver la peur qui ne m'avait pas quittée depuis près de six ans. Je me suis dirigé à l'est, vers Praga, jadis un faubourg lointain et déshérité sur l'autre rive de la Vistule, mais qui était désormais tout ce qui restait de la capitale, les Allemands n'ayant pu y mener aussi radicalement qu'ailleurs leur entreprise de destruction.

Je marchais sur une grande artère que je me rappelais

toujours encombrée de véhicules, maintenant déserte et flanquée de ruines. Aussi loin que mes yeux pouvaient porter, il n'y a pas un seul immeuble encore intact et je devais sans cesse contourner des tas de gravats, voire les escalader comme des éboulis barrant un chemin de montagne. Alors mes pieds se prenaient dans un fouillis de fils télégraphiques et de câbles de tramway arrachés, dans des lambeaux de tissu qui avaient décoré des appartements ou habillé des êtres depuis longtemps disparus...

Un squelette humain reposait contre un mur de façade, au pied de ce qui avait été une barricade au temps de la révolte. Sa stature était frêle, les os fins, délicats : une jeune fille, certainement, d'autant que de longs cheveux blonds pendaient encore du crâne. La chevelure est la partie du corps qui résiste le plus longtemps à la décomposition. À côté du squelette, une carabine rouillée. Sur les débris de veste qui enveloppaient encore le bras droit, il y avait un brassard rouge et blanc où les lettres « AK [1] » avaient été mangées par la brûlure des balles.

De mes sœurs, il ne reste rien, pas même de pauvres ossements comme ceux-là. Regina, si belle, Halina, l'enfant sérieuse, ont disparu et je ne trouverai jamais au moins une tombe sur laquelle prier pour le repos de leur âme.

Je me suis arrêté, reprenant mon souffle. Mon regard a dérivé vers le nord de la ville, vers le ghetto, ses cinq cent mille Juifs assassinés... Il n'en demeurait aucune trace. Les Allemands étaient allés jusqu'à renverser les derniers murs des maisons incendiées.

---

1. Pour « Armia Krajowa », l'armée de la nation polonaise. *(N.d.T.)*

Demain, je devais entamer une nouvelle vie.
Comment y arriver quand il n'y avait que de la mort
derrière moi ? Quelle énergie vitale pouvais-je tirer de
toute cette destruction ?

J'ai repris ma route. Un vent féroce secouait la ferraille
dans les décombres, s'engouffrait en hurlant dans la
bouche noire et béante des fenêtres calcinées. Le crépuscule est arrivé. La neige s'est mise à tomber du ciel
assombri, plombé.

Épilogue

Environ deux semaines plus tard, l'un de mes collègues de la radio polonaise, le violoniste Zygmunt Lednicki, qui avait pris part au soulèvement, est rentré à Varsovie après maintes tribulations. Comme tant d'autres, il est revenu à pied, désireux de retrouver sa ville le plus vite possible. En chemin, il est passé devant un camp provisoire de prisonniers allemands. Lorsqu'il m'a raconté sa réaction à ce moment, il a aussitôt précisé qu'il la regrettait mais qu'il avait été incapable de se retenir. Donc, il s'était approché des fils barbelés et il avait interpellé les Allemands en captivité :

« Vous vous êtes toujours vantés d'être un peuple de culture mais vous m'avez pris ce que j'avais de plus cher, moi, un musicien : mon violon ! »

Là, un officier qui était étendu dans un coin s'est relevé péniblement. Il est venu à la clôture d'un pas chancelant. Il avait l'air épuisé, dépenaillé, la figure mangée par la barbe. Fixant des yeux éperdus sur Lednicki, il lui a demandé à voix basse :

Connaîtriez-vous un certain M. Szpilman, par hasard ?

— Oui, bien sûr…

— Je suis allemand, a poursuivi l'inconnu dans un murmure oppressé, et j'ai aidé Szpilman au temps où il se cachait sous les toits de l'état-major des commandos à Varsovie. Dites-lui… dites-lui que je suis ici. Demandez-lui de me faire sortir de là. Je vous en prie, je vous supplie de…

À cet instant, un garde s'est interposé :

— Vous n'avez pas le droit de parler aux prisonniers. Éloignez-vous, s'il vous plaît. »

Lednicki a obtempéré. Il avait poursuivi sa route quand il s'est soudain rendu compte qu'il ne connaissait même pas le nom de cet homme. Il est donc revenu en arrière mais le garde était en train d'entraîner l'officier à l'écart.

« Comment vous appelez-vous ? » l'a hélé Lednicki.

L'Allemand s'est retourné. Lednicki n'a pas été en mesure d'entendre ce qu'il lui criait en retour.

J'ignorais l'identité de cet officier, moi aussi, et ce délibérément : dans le cas où j'aurais été capturé et interrogé, les policiers allemands m'auraient certainement demandé qui m'avait apporté du pain venu des stocks de l'armée et je ne voulais pas risquer de laisser échapper son nom sous la torture.

J'ai fait tout ce qui était en mon pouvoir pour le retrouver, sans succès. Entre-temps, le camp de prisonniers de guerre avait été transféré ailleurs, dans un endroit classé secret militaire. Mais peut-être cet Allemand… non, cet être humain portant l'uniforme allemand que j'avais connu, peut-être a-t-il pu rentrer chez lui sain et sauf, finalement.

Il m'arrive parfois de donner des concerts dans l'immeuble du 8 rue Narbutt, à Varsovie, là où ma brigade d'ouvriers juifs a été employée, là où j'ai charrié des briques et de la chaux, là où mes compagnons d'esclavage ont été abattus quand les appartements destinés aux officiers nazis ont été achevés. Ces belles habitations, ils n'ont pas pu en profiter très longtemps, d'ailleurs…

Ce bâtiment existe toujours. Il abrite maintenant une école. Je joue pour des enfants polonais qui n'imaginent pas les souffrances, l'angoisse mortelle dont leurs salles de classe lumineuses ont jadis été le théâtre.

Et je prie pour qu'ils n'aient jamais à connaître cette peur et ces tourments.

LE JOURNAL DU CAPITAINE WILM HOSENFELD

(Extraits)

18 janvier 1942

La révolution national-socialiste paraît singulièrement manquer de conviction. L'Histoire nous a rapporté les atrocités, les actes de la pire barbarie commis au nom de la Révolution française, et celle des bolcheviks a également permis d'abominables exactions dont les instincts animaux de sous-hommes emplis de haine ont accablé les classes dirigeantes. Bien que l'humanisme nous autorise à déplorer et à condamner de tels agissements, force nous est de reconnaître leur détermination implacable, leur caractère irrémédiable. Pas de quartiers, mais pas de faux prétextes invoqués, et aucune concession : ces révolutionnaires ont agi résolument, sans scrupule, sans considération d'ordre éthique ni respect des usages. Jacobins comme bolcheviks ont massacré leurs classes supérieures, exécuté leur famille royale. Ils ont déclaré la guerre au catholicisme et lui ont livré un combat sans merci, décidés qu'ils étaient à l'effacer de la surface de la terre. Ils ont réussi à entraîner leur peuple dans des conflits menés avec énergie, avec enthousiasme : les guerres révolutionnaires de jadis, celle contre l'Allemagne aujourd'hui. Et leurs idées, leurs théories ont exercé une énorme influence bien au-delà de leurs frontières respectives.

Si leurs méthodes sont différentes, les tenants du national-socialisme ne poursuivent eux aussi qu'un seul et unique but, fondamentalement : l'extermination, l'anéantissement de tous ceux qui ne pensent pas comme eux. De temps à autre, même des citoyens allemands en sont victimes, mais leur sort est étouffé, dérobé à la connaissance du pays. Les gens sont enfermés dans des camps de concentration, où ils sont laissés à l'abandon et à la mort : là encore, le public n'en sait rien. Si votre but est de neutraliser les ennemis de l'État, pourtant, vous devez avoir le courage de les mettre en accusation devant tous, clairement, et de les remettre à la justice collective.

D'un côté, ces révolutionnaires prêchent le socialisme ; de l'autre, ils s'allient aux puissants de la finance et de l'industrie, ils soutiennent les principes du capitalisme. Ils se disent en faveur des libertés individuelles et du droit aux convictions religieuses de chacun, mais ils démolissent les églises et mènent une guerre aussi secrète qu'impitoyable au christianisme. Ils invoquent l'exemple du Führer pour garantir à tous ceux qui le veulent la possibilité de donner libre cours à leurs capacités et à leurs talents, et cependant ils assujettissent toute initiative individuelle à l'appartenance au Parti, ignorant même les plus capables et les plus talentueux des hommes s'ils ne prennent pas leur carte. Hitler prétend offrir la paix au monde et en même temps il ne cesse de s'armer dans des proportions inquiétantes. Il annonce à la planète qu'il n'a pas l'intention d'assimiler d'autres

nations aux États allemands en leur déniant leur souveraineté, mais il n'est qu'à voir les Tchèques, et les
Polonais, et les Serbes... La Pologne, notamment. Quel
besoin peut-il y avoir à priver de son autodétermination
un peuple qui se contente des limites de son territoire ?

Et considérez seulement ces révolutionnaires, voyez
combien peu ils vivent selon les principes dont ils se
réclament ! Cette idée que le bien commun passe avant
la prospérité individuelle, par exemple, ils demandent
au commun des mortels de s'y plier mais ils sont loin d'en
faire autant eux-mêmes. Or qui se tient face à l'ennemi ?
Le peuple, non le Parti ! Désormais on rappelle inva-
lides et infirmes sous les drapeaux alors que de jeunes
hommes robustes, tout à fait aptes au service, restent loin
de la ligne de front, gardent leur emploi dans les bureaux
du Parti ou au sein de la police. Pourquoi sont-ils
exemptés ?

Ils s'emparent des biens polonais et juifs pour leur
usage personnel. Polonais et Juifs n'ont plus rien à
manger, ils vivent dans le dénuement et le froid, mais les
défenseurs du national-socialisme n'hésitent pas à tout
leur prendre.

Varsovie, le 17 avril 1942

Je viens de passer des jours tranquilles ici, au Collège
d'éducation physique où j'écris ces lignes. J'ai à peine
conscience de la guerre et cependant je ne peux avoir
l'esprit libre, le cœur léger. De temps à autre, il y a tel
bruit, telle rumeur. Ici, ce sont les incidents survenus à
l'arrière du front qui retiennent toute l'attention :

fusillades, attentats, accidents, etc. À Lietzmannstadt [1], une centaine de personnes ont été fusillées – innocents mais exécutés tout de même – parce que quelques bandits avaient tiré sur trois officiers de police. Cela s'est produit également à Varsovie. Loin d'inspirer la terreur et la crainte, ces actes ne peuvent que stimuler une plus grande détermination encore, un fanatisme croissant. Sur le pont de Prague, deux garçons des Jeunesses hitlériennes maltraitent un Polonais ; comme il se défend, ils appellent un policier allemand à leur rescousse ; alors, le Polonais les abat tous les trois... Place de la Poste, une grosse automobile de l'armée renverse un pousse-pousse avec trois passagers. Le conducteur est tué sur le coup, la voiture continue en entraînant le petit véhicule sous sa caisse, avec encore un homme pris au piège de l'attelage. Un attroupement se forme mais l'automobile ne s'arrête pas, non, quand bien même un soldat allemand tente de lui barrer la route. Finalement, les débris se prennent dans les roues de la voiture, l'obligeant à stopper. Ses occupants descendent, dégagent ce qui reste du pousse-pousse et repartent.

À Zakopane, certains Polonais ont omis de remettre leurs skis aux autorités. Après une fouille des maisons, deux cent quarante habitants sont envoyés à Auschwitz, ce camp de concentration si redouté à l'est du pays. Là-bas, la Gestapo torture jusqu'à la mort. On conduit ces malheureux dans une cellule et on les élimine sommairement en les gazant. Les gens sont sauvagement battus pendant les interrogatoires. Et il y a des cachots réservés aux traitements les plus inhumains : par exemple, ils attachent quelqu'un par les bras à un poteau

---

1. Nom donné par les occupants à la ville de Lodz. *(N.d.T.)*

qu'ils redressent, laissant la victime pendre là jusqu'à s'évanouir ; ou bien ils l'enferment dans une cage où il ne peut se redresser et ils attendent qu'il perde connaissance. Quelles méthodes diaboliques ont-ils encore pu inventer ? Combien de personnes absolument innocentes restent détenues dans leurs prisons ? Et la nourriture se fait chaque jour plus rare. La famine se répand dans Varsovie.

Tomaszow, le 26 juin 1942

J'entends un orgue et des chants catholiques dans l'église. J'entre. Des enfants tout en blanc se tiennent devant l'autel. C'est leur première communion. La nef est pleine de monde. Ils viennent d'entonner le *Tantum ergo* et le prêtre administre sa bénédiction. Je le laisse me bénir moi aussi. De petits innocents priant Dieu, ici dans cette ville polonaise, là-bas en Allemagne, ou ailleurs... Et dire que dans quelques années ils s'entretueront les uns les autres, aveuglés par la haine ! Même dans l'ancien temps, quand les peuples avaient plus de sentiments religieux et appelaient leurs maîtres les Rois Très-Chrétiens, les choses ne se passaient pas autrement qu'aujourd'hui où les gens se détournent de la foi. L'humanité semble condamnée à faire le mal plus que le bien. Le plus grand idéal, sur cette terre, est l'amour du prochain.

Varsovie, le 23 juin 1942

En lisant les journaux et en écoutant les nouvelles à la radio, on pourrait avoir l'impression que tout va très bien, que la paix est proche, que la guerre a déjà été remportée et que l'avenir du peuple allemand est des plus prometteurs. Quant à moi je n'arrive simplement pas à y croire. Ne serait-ce que parce que l'injustice ne peut triompher à long terme, et parce que la manière dont les Allemands gouvernent les pays qu'ils ont conquis provoquera tôt ou tard une résistance. Il me suffit de voir ce qu'il en est ici, en Pologne. On ne nous dit certes presque rien, mais nous pouvons tout de même nous former une image assez claire de la situation grâce à toutes les conversations et à tous les commentaires que nous arrivons à entendre. Et si les méthodes d'encadrement, l'oppression des autochtones et les menées de la Gestapo sont ici particulièrement brutales j'imagine qu'il en va sans doute de même dans les autres territoires conquis.

Partout la terreur ouverte, partout l'usage de la force, les arrestations… Chaque jour, on rafle les gens, on les fusille. La vie d'un être humain, et *a fortiori* sa liberté individuelle, est devenue quantité négligeable. Seulement l'amour de la liberté est enraciné en chaque individu, en chaque nation. Elle peut être niée temporairement mais non à jamais. L'Histoire nous enseigne que les tyrannies ne durent pas. Et maintenant nous avons un crime de sang sur notre conscience, l'assassinat affreusement injuste des habitants juifs de ce pays. Il y a une entreprise d'extermination des Juifs qui est en cours. Tel a été l'objectif de l'administration civile allemande depuis l'occupation des régions orientales, et ce avec l'aide active de la police et de la Gestapo, mais il semble qu'il doive s'appliquer maintenant, de façon radicale, à une plus vaste échelle encore.

De sources différentes et toutes dignes de foi, nous apprenons que le ghetto de Lublin a été vidé, que les Juifs ont été tués en masse ou chassés dans les forêts, et que certains d'entre eux ont été emprisonnés dans un camp proche. Des témoins venus de Lietsmannstadt et de Kutno racontent que les Juifs, hommes, femmes et enfants, sont asphyxiés dans des unités de gazage mobiles, que les cadavres sont dépouillés de leurs habits avant d'être jetés à la fosse commune et que ces vêtements sont ensuite recyclés dans des usines textiles. On rapporte des scènes effrayantes de là-bas. Mais il y a maintenant des témoignages selon lesquels le ghetto de Varsovie subirait en ce moment le même sort. Quatre cent mille personnes y sont enfermées et ce seraient des bataillons de miliciens lituaniens ou ukrainiens qui seraient chargés de l'opération, à la place des policiers allemands. Il est difficile de croire de telles choses et pour ma part j'essaie de ne pas leur accorder de crédit, non pas tant par inquiétude pour l'avenir de notre peuple, qui devra expier ces monstruosités un jour ou l'autre, mais parce que je n'arrive pas à penser qu'Hitler poursuive un but pareil, ni qu'il y ait des Allemands capables de donner de tels ordres. Si c'est par malheur le cas, il ne peut y avoir qu'une explication : ce sont des malades, des anormaux ou des fous.

25 juillet 1942

En admettant que ce qui se raconte en ville soit vrai — et les sources dont je dispose sont tout à fait crédibles —, il n'y a plus aucun honneur à porter l'uniforme d'officier allemand et personne ne saurait accepter une telle situation. Mais je ne peux y croire, non.

La rumeur soutient que trente mille Juifs vont être raflés cette semaine dans le ghetto, puis déportés quelque part à l'est. En dépit de tout le secret qui entoure ces opérations, les gens disent savoir ce qui se passe là-bas : il a été construit aux environs de Lublin des chambres qui peuvent être surchauffées au moyen d'un puissant courant électrique, selon la technique employée dans les crématoires. De pauvres gens sont emmenés dans ces pièces où ils sont brûlés vifs, et de cette façon il est possible d'en tuer des milliers chaque jour en s'épargnant la peine de les fusiller, de creuser des fosses communes et de les y jeter. La guillotine des révolutionnaires français reste loin derrière, en terme d'efficacité, et même dans les caves de la police secrète de Russie on n'a pas conçu de technique d'extermination plus vertigineuse.

Mais tout ceci n'est que de la folie pure, sans doute. C'est impossible, impossible... On se demande d'ailleurs pourquoi les Juifs ne se défendent pas. Mais il est vrai que beaucoup d'entre eux — la plupart, en fait — sont tellement affaiblis par les privations et la misère qu'ils ne pourraient opposer la moindre résistance.

Varsovie, le 13 août 1942

Un commerçant polonais expulsé de Posen au début des hostilités a monté boutique ici. Je lui achète souvent des fruits, des légumes. Pendant la Première Guerre mondiale, il a servi sous l'uniforme allemand quatre années durant sur le front occidental. Il m'a montré ses papiers militaires. Voilà un homme dont la sympathie va naturellement aux Allemands mais qui reste et restera un Polonais, avant tout. Et il est atterré par l'affreuse cruauté, la sauvagerie bestiale de ce que les Allemands sont en train de perpétrer dans le ghetto.

Il est impossible de ne pas se demander encore et encore comment une telle racaille a pu se développer et prendre cette importance au sein de notre peuple ? Ont-ils libéré aliénés et criminels de leurs asiles et de leurs prisons pour les envoyer faire régner la terreur ici ? Mais non, ce sont des gens disposant d'un certain rang dans l'appareil d'État qui ont appris ces comportements à leurs concitoyens jadis inoffensifs. Le mal, la férocité sont toujours tapis dans le cœur humain et il suffit qu'on les laisse se développer librement pour qu'ils se mettent à croître, à développer d'obscènes rameaux, à engendrer les idées monstrueuses qui finissent par rendre possible qu'on assassine Juifs et Polonais de cette manière.

Le commerçant polonais que j'évoquais a plusieurs relations juives et il se rend donc souvent dans le ghetto. Il m'a dit que ce qu'il y a vu est intolérable. Il craint d'y retourner, désormais. L'autre jour, alors qu'il passait en pousse-pousse dans une rue, il a assisté à une scène affreuse : après avoir rassemblé dans l'entrée d'un immeuble un groupe de Juifs, hommes et femmes, un membre de la Gestapo s'est mis à tirer au hasard dans la foule, faisant dix morts ou blessés graves. Comme l'un d'eux réussissait à s'enfuir, il l'a mis en joue, mais il n'a pu l'abattre car son chargeur était vide. Les blessés sont restés au sol, sans aucune aide : la plupart des médecins ont déjà été raflés ou tués, et de toute façon on n'est pas censé survivre à ses blessures, dans le ghetto. D'après ce qu'une femme a raconté à ce Polonais, une escouade de la Gestapo a opéré une descente à la maternité juive. Ils se sont emparés des bébés, les ont entassés dans un sac, ils sont ressortis et les ont jetés dans la carriole d'un fossoyeur, sans que ces monstres ne soient troublés un seul instant par les cris des nourrissons ni par les lamentations des mères. On a du mal à y croire mais c'est pourtant vrai. Hier, deux de ces bêtes féroces étaient avec moi dans le tram. Ils avaient un fouet à la main, l'un et l'autre, et revenaient du ghetto. J'aurais aimé les précipiter sous les roues de la rame.

Quels lâches nous sommes, à nous croire au-dessus de pareilles horreurs sans rien faire pour les en empêcher ! Nous serons punis, nous aussi, et nos enfants le seront aussi, bien qu'innocents, parce que nous devenons des complices en tolérant que tous ces crimes soient perpétrés.

Après le 21 août 1942

Le mensonge, voilà le pire des maux. Tout ce qui est diabolique en dérive. Et on nous a menti, sans arrêt. L'opinion publique est trompée jour après jour. Il n'y a pas une page de journal qui en soit dépourvue, qu'elle traite de politique, d'économie, d'histoire, de vie sociale ou culturelle… La vérité est menacée partout. Les faits

236

sont déformés, manipulés jusqu'à se transformer en leur contraire. Peut-il sortir du bon de tout cela ? Non ! Pour le salut de l'humanité et de la liberté de pensée, il faut que cela cesse. Les menteurs et ceux qui défigurent la vérité doivent périr, être dépossédés de leur pouvoir arbitraire. Alors, alors seulement il y aura à nouveau place pour une humanité plus libre, plus noble.

1ᵉʳ *septembre 1942*

Pourquoi cette guerre a-t-elle existé ? Parce qu'il fallait montrer à l'humanité jusqu'où son impiété allait la conduire. Il y a d'abord eu le bolchevisme, justifiant ses millions de victimes par le désir d'instaurer un nouvel ordre sur la planète. Mais c'est seulement en se détournant de Dieu et de l'enseignement chrétien que les bolcheviks ont été capables d'agir de cette manière. Et maintenant le national-socialisme commet les mêmes ravages en Allemagne. On interdit aux gens de pratiquer leur foi, les jeunes sont élevés dans l'incroyance, l'Église est persécutée, spoliée de ses biens, tous ceux qui ont le malheur de garder leur libre arbitre sont persécutés, la liberté naturelle du peuple allemand lui est déniée. Nos concitoyens sont transformés en esclaves terrorisés. La vérité leur est cachée. Ils n'ont plus aucun pouvoir sur l'avenir de leur nation.

Il n'y a plus de commandements réprouvant le vol, le meurtre, le mensonge, et ce triomphe des intérêts égoïstes, cette négation de la loi divine ouvrent la voie à toutes les autres manifestations de cupidité impie : l'enrichissement au détriment des autres, la haine, la fausseté, la licence sexuelle qui à son tour conduit à l'infécondité et au déclin du peuple allemand. Et si Dieu autorise tout cela, s'Il laisse ces forces régner sur nous, s'Il tolère que tant d'innocents perdent la vie, c'est afin de montrer à l'humanité que sans Lui nous ne sommes que des animaux en lutte acharnée, persuadés que la survie de l'un passe par la destruction de l'autre. Nous ne voulons plus écouter ce sublime commandement, « Aimez-vous les uns les autres ».Très bien, constate Dieu : alors essayez donc celui du Diable, la prescription inverse, « Haïssez-vous les uns les autres »... Nous connaissons tous le récit du Déluge dans les Écritures saintes. Pourquoi la première race d'hommes a-t-elle connu une fin aussi tragique ? Parce qu'ils s'étaient détournés de Dieu. Ils devaient mourir, coupables comme innocents. Ils étaient les seuls responsables de leur châtiment. Et il en va de même aujourd'hui.

6 septembre 1942

Un officier des troupes d'élite venu participer à un tournoi d'escrime chez nous m'a confié les abominations que son unité a commises dans la ville de Sielce, un centre administratif régional. Il était tellement indigné, révolté, qu'il a entièrement oublié que nous étions en assez nombreuse compagnie, dont un haut responsable de la Gestapo. Un jour, les Juifs ont été sortis du ghetto et conduits en cortège à travers les rues. Hommes, femmes et enfants, dont plusieurs ont été abattus sous les yeux des Allemands présents et de la population polonaise. On a laissé les femmes se vider de leur sang sous le soleil d'été, sans le moindre secours. Des petits qui avaient réussi à se cacher dans des immeubles voisins ont été défenestrés. Ensuite, les milliers de survivants ont été emmenés près de la gare. Les trains qui devaient les emporter n'étant pas là, ils ont dû attendre trois longues journées dans la fournaise, sans rien à manger ni à boire. Dès que l'un d'entre eux se remettait debout, il était fusillé sur-le-champ, à la vue de tous. Et puis on les a entassés à deux cents dans des wagons à bestiaux qui ne pouvaient contenir que quarante-deux personnes. Où sont-ils partis ? Que leur est-il arrivé ? Personne n'avouera qu'il connaît la réponse à ces questions et pourtant la vérité devient impossible à dissimuler : de plus en plus de gens arrivent à s'échapper, et leurs récits commencent à porter ces atrocités au grand jour. C'est un endroit qui s'appelle Treblinka, à l'est du territoire polonais sous contrôle allemand. Quand les trains y déchargent leur cargaison humaine, beaucoup sont déjà morts. Tout le camp est entouré de murs et ce n'est qu'une fois à l'intérieur que les wagons sont vidés, les morts étant laissés en tas au bord de la voie ferrée. À chaque nouvel arrivage de prisonniers valides, ceux-ci doivent charrier les cadavres plus loin, creuser de nouvelles fosses et les recouvrir de terre une fois pleines. Puis ils sont eux-mêmes abattus et ceux qui faisaient partie du convoi suivant s'occupent des restes de leurs prédécesseurs... Les milliers de femmes et d'enfants débarqués là sont contraints à se déshabiller, puis on les enferme dans un baraquement mobile et on les gaze. Ensuite, cette prison mortelle est positionnée au-dessus d'un fossé. Une des parois latérales s'ouvre, le plancher se soulève mécaniquement et les cadavres sont déversés dans le trou.

Tout cela se répète depuis déjà longtemps. Des malheureux venus de toute la Pologne convergent à

Treblinka. Certains sont tués aussitôt parce que l'affluence dépasse les capacités meurtrières des installations, mais s'ils sont encore trop nombreux ils sont conduits ailleurs. Une affreuse odeur de mort plane sur toute la zone. C'est un Juif rescapé qui a dépeint ce tableau à l'officier dont j'ai recueilli les confidences. Avec sept de ses compagnons d'infortune, il a réussi à s'enfuir et vit maintenant à Varsovie. D'après ce que je comprends, ils sont un certain nombre dans ce cas, ici. Le fugitif a montré à cet homme un billet de vingt zlotys qu'il avait pris dans la poche d'un cadavre. Il l'a plié et replié soigneusement afin que le papier conserve les effluves pestilentiels des corps en décomposition, et lui rappelle constamment qu'il doit venger ses frères.

Dimanche 14 février 1943

Le dimanche, on peut s'abandonner à ses réflexions, oublier un moment l'armée et les exigences du service, et il arrive souvent alors que des pensées reléguées dans son inconscient reviennent à la surface. L'angoisse m'étreint quand je songe à l'avenir. Encore maintenant, en revivant dans ma tête ces années de guerre, je suis tout bonnement incapable de comprendre comment nous en sommes arrivés à commettre de pareils crimes contre des civils sans défense, contre les Juifs. La question revient, sans cesse : comment est-ce possible ? Je ne vois qu'une seule explication possible : les êtres qui ont été capables de concevoir, de commander ou d'autoriser ces actes ont perdu jusqu'au dernier sens de leurs responsabilités humaines. Ce sont d'inamendables mécréants, des monstres de vanité, de répugnants matérialistes.

L'été dernier, lorsque les assassinats en masse de Juifs ont été perpétrés, lorsque tant de femmes et d'enfants ont été massacrés impitoyablement, je me suis pratiquement convaincu que nous allions perdre cette guerre : plus rien désormais ne la justifiait en tant qu'exigence d'un espace vital, d'une dignité collective. Elle avait dégénéré en gigantesque tuerie négatrice de toutes les valeurs humaines, et loin d'en accepter les raisons initiales le peuple allemand dans son entier finirait par la condamner sans appel. Ces otages polonais torturés, ces prisonniers de guerre sommairement fusillés, cette dégradation systématique des êtres humains... rien de tout cela n'était, n'est justifiable.

16 juin 1943

Ce matin, j'ai reçu la visite d'un jeune homme dont j'ai connu le père à Obersig. Affecté à un hôpital de campagne à Varsovie, il a été directement témoin de l'exécution d'un civil désarmé par trois policiers allemands. Après lui avoir demandé ses papiers dans la rue et découvert qu'il était juif, ils ont entraîné ce malheureux dans une cour d'entrée et l'ont abattu froidement. Puis ils ont dépouillé le corps de son manteau et l'ont abandonné sur place.

Voici un autre témoignage de première main, rapporté par un Juif : « Nous sommes restés sept jours dans la cave d'un immeuble du ghetto. Au-dessus de nous, tout le bâtiment était en flammes et nous avons dû nous enfuir, d'abord les femmes puis nous, les hommes. Certains d'entre nous ont été tués à ce moment. Les autres, nous avons été emmenés à l'*Umschlagplatz* et on nous a enfermés dans des wagons à bestiaux. Mon frère a préféré avaler une capsule de poison. Nos femmes ont été conduites à Treblinka, ils les ont brûlées là-bas. Moi, j'ai été envoyé en camp de travail. On nous traitait comme des animaux, sans presque rien nous donner à manger, et il fallait travailler dur… » Plus tard, dans une lettre, il allait supplier ses amis : « Faites-moi passer du poison. Je ne peux plus supporter cette vie. Il y a tant de gens qui meurent ici… »

Pendant un an, Mme Jait a été domestique dans une maison réquisitionnée par les services secrets. Elle a été souvent témoin du traitement affreux qu'ils réservaient aux Juifs. Ils étaient battus sauvagement. Ils en ont obligé un à rester une journée entière debout sur un tas de charbon, dans un froid terrible. Un membre des services secrets qui passait par là l'a abattu d'une balle. Un nombre incalculable de Juifs ont été tués ainsi, sans raison aucune. Cela dépasse l'entendement.

Et maintenant ils sont en train d'exterminer les derniers survivants du ghetto. J'ai entendu un *Sturm führer* SS raconter avec satisfaction comment ils abattent les Juifs lorsque ces derniers s'enfuient des immeubles en flammes. Le ghetto tout entier est ravagé par les incendies.

Ces brutes pensent qu'il est possible de gagner la guerre de cette façon. Ils ne voient pas que ce massacre insensé des Juifs nous l'a déjà fait perdre. Nous nous sommes couverts d'un opprobre ineffaçable. C'est une malédiction qui pèse à jamais sur nous. Et nous ne méritons aucune pitié, et nous sommes tous coupables.

J'ai honte d'aller en ville. N'importe quel Polonais est en droit de nous cracher dessus. Des soldats allemands sont tués tous les jours dans les rues. Cela ne peut qu'empirer. Et qui sommes-nous pour nous plaindre ? Nous ne méritons rien de mieux. Chaque jour que je passe ici augmente mon tourment.

6 juillet 1943

Pourquoi Dieu tolère-t-Il cette guerre affreuse et son cortège de sacrifices humains ? Rien que de penser aux raids aériens, à l'horrible angoisse des populations civiles innocentes, à la barbarie du traitement réservé aux prisonniers des camps, au massacre de centaines de milliers de Juifs par les Allemands... Dieu est-Il responsable ? Pourquoi n'intervient-Il pas ? Pourquoi laisse-t-Il tout cela arriver ? Ces questions, nous pouvons les poser mais nous n'obtiendrons pas de réponse. Nous sommes tellement enclins à reporter la faute sur les autres plutôt que sur nous-mêmes ! Si Dieu permet au mal d'advenir, c'est parce que l'humanité a épousé sa cause. Et maintenant nous commençons à ressentir le fardeau de notre méchanceté et de notre imperfection. Lorsque les nazis ont pris le pouvoir, nous n'avons rien fait pour les en empêcher. Nous avons trahi nos idéaux. Notre foi dans la liberté individuelle, démocratique, religieuse...
Les travailleurs ont suivi les nazis. L'Église est restée impassible. Les classes moyennes étaient trop pleutres pour tenter quoi que ce soit, tout comme les intellectuels les plus en vue. Nous avons accepté la dissolution des syndicats, le bannissement des cultes, l'étouffement de la libre expression dans la presse ou à la radio. Et puis nous nous sommes laissé entraîner dans la guerre. Nous nous sommes satisfaits d'une Allemagne privée de représentation démocratique, nous avons toléré que des

hommes sans vision ni réelle compétence prétendent parler en notre nom. Mais on ne trahit pas impunément les idéaux et désormais nous devons tous en accepter les conséquences.

5 décembre 1943

L'année qui vient de s'écouler n'a été qu'une succession de déroutes. Nous nous battons actuellement sur le Dniepr : l'Ukraine dans son entier est perdue, et même si nous arrivons à conserver les positions que nous avons encore dans la région aucun avantage économique ne pourra en être tiré, bien certainement. Les Russes sont tellement déterminés qu'ils parviendront toujours à nous rejeter de leur territoire. L'offensive britannique a commencé en Italie et là encore nous ne cessons de perdre du terrain. Les villes allemandes sont détruites l'une après l'autre. C'est le tour de Berlin, désormais. Et Leipzig subit des bombardements incessants depuis le 2 septembre. Cette « guerre des sous-marins » tant vantée est un échec complet. Ceux qui parlent encore de victoire, que prétendent-ils espérer ? Nous n'avons pas été capables de rallier à notre cause un seul des pays que nous avons occupés. Nos alliés, la Bulgarie, la Roumanie et la Hongrie, ne peuvent apporter qu'une aide ponctuelle, locale. Ils doivent seulement s'estimer heureux s'ils arrivent à surmonter leurs difficultés internes, et ils se préparent à voir leurs frontières attaquées par les puissances ennemies. Ils ne peuvent nous être d'aucune aide, sinon sur le plan économique : la Roumanie nous fournissant son pétrole, par exemple. En termes de stratégie militaire, leur contribution est pratiquement nulle. Et depuis le renversement du pouvoir fasciste en Italie ce pays n'est plus pour nous qu'un champ de bataille aux portes du Reich, où les combats font encore rage, pour l'instant.

La supériorité des forces ennemies est écrasante. Celui qui tente de se remettre debout est aussitôt jeté à terre. Telle est la situation présente. Alors comment croire encore que nous pourrions renverser le cours de la guerre en notre faveur ? Plus aucun Allemand n'espère la victoire, d'ailleurs, mais comment se tirer de cette impasse ? Il n'y aura pas de révolution chez nous parce que personne n'a le courage de risquer sa vie en s'affrontant à la Gestapo. Et si quelques-uns l'osaient, à quoi cela servirait-il ? La majorité du peuple serait sans doute d'accord avec eux mais c'est une majorité enchaînée, humiliée. Depuis dix ans, les individus n'ont eu aucune chance d'exprimer leur libre arbitre, et la population dans son ensemble encore moins : les balles de la Gestapo auraient aussitôt commencé à pleuvoir.

Il n'y a pas de coup d'État militaire à attendre, non plus. L'armée est délibérement conduite à la mort. Dans ses rangs aussi, la moindre velléité de résistance qui pourrait déclencher une opposition de masse est étouffée dans l'œuf. Il n'y a donc pas d'autre issue que de boire cette coupe amère jusqu'à la lie. Notre peuple tout entier devra payer pour toutes ces erreurs, tous ces malheurs, tous ces crimes. Beaucoup d'innocents auront à être sacrifiés avant que nous ne puissions effacer la marque de sang qu'auront laissée ces infamies. C'est une loi inflexible qui s'applique aussi bien aux individus qu'aux plus vastes ensembles.

1ᵉʳ janvier 1944

Les journaux allemands s'indignent en rapportant la confiscation par les Américains de trésors artistiques dans le sud de l'Italie. Ce tapage mené à propos des forfaits d'autrui est vraiment grotesque : comme si l'ennemi ignorait l'existence des œuvres d'art dont nous nous sommes emparés en Pologne, ou que nous avons détruites en Russie.

Même en adoptant l'attitude du « mon pays a toujours raison » et en se résignant à accepter ce que nous avons fait, on ne peut qu'être gêné par cette hypocrisie, dont le seul résultat est de nous ridiculiser.

11 août 1944

Le Führer s'apprêterait à signer l'ordre de raser Varsovie jusqu'à ses fondations. Cette entreprise de destruction a déjà commencé : toutes les rues qui avaient été libérées au cours du soulèvement ont été ravagées par le feu. Les habitants sont chassés de leur ville, ils fuient par milliers vers l'ouest. Si ce bruit est fondé, alors il est clair pour moi que nous avons perdu Varsovie, et la Pologne, et la guerre. Nous sommes en train de renoncer à une ville que nous avons tenue sous notre coupe pendant cinq années, que nous avons agrandie en proclamant à la face du monde qu'il s'agissait d'un gage de guerre. Des méthodes monstrueuses ont été employées ici. Nous nous sommes conduits comme des maîtres inamovibles, mais alors qu'il devient impossible de nier que tout est perdu nous préférons ruiner notre propre travail, saccager tout ce dont l'administration civile était si fière, ce grand dessein culturel dont il fallait prouver l'absolue nécessité aux autres nations... Notre politique d'expansion à l'est est une faillite totale. Et la destruction de Varsovie, c'est l'ultime mémorial que nous lui dédions

POSTFACE

DE WOLF BIERMANN

Poète et essayiste très connu en Allemagne, Wolf Biermann est né en 1936 à Hambourg dans une famille aux solides traditions communistes. Son père, docker, juif et résistant antinazi, a péri au camp d'Auschwitz en 1943. Adolescent, Biermann a pris le chemin contraire des réfugiés qui affluaient alors vers l'Allemagne de l'Ouest, gagnant la zone sous contrôle soviétique. En 1965, ses œuvres jugées trop critiques par les autorités allaient être interdites. Onze ans plus tard, il était contraint d'émigrer à nouveau, revenant à Hambourg où il réside depuis.

Ce livre n'aurait eu besoin ni d'avant-propos ni de postface : il parle bien assez fort et clair de lui-même. Il se trouve seulement que Wladyslaw Szpilman m'avait prié d'apporter quelques précisions historiques alors qu'un demi-siècle s'est écoulé depuis les événements ici narrés.

L'auteur a rédigé ce récit dans sa version initiale – celle que reprend la présente édition – juste après la guerre, à Varsovie. Dans le feu de l'action, donc, ou plutôt encore sous le coup d'un profond traumatisme, et ce au contraire de la majeure partie des nombreux témoignages de rescapés de la Shoah, écrits plusieurs années, voire plusieurs décennies après les faits. J'imagine qu'un certain nombre de réponses évidentes se présenteront à l'esprit si l'on réfléchit aux raisons d'une telle période de latence.

Les lecteurs auront sans doute été frappés par le ton étonnamment distancié d'un livre pourtant composé au milieu des ruines encore fumantes de la Seconde Guerre mondiale. J'ai le sentiment que, pour décrire ses souffrances d'hier à peine, Wladyslaw Szpilman adopte un détachement qui est presque celui de la mélancolie. Comme s'il n'était pas encore revenu à lui-même après ce voyage à travers tous les cercles de l'enfer. Comme s'il racontait là le parcours d'un autre être humain, celui qu'il est devenu après l'invasion de la Pologne par les nazis.

Quand ce livre a été publié pour la première fois, en 1946 [1], il portait le titre de l'un de ses chapitres, *Une ville meurt*. Très vite retiré des librairies par les laquais polonais de Staline, il n'a plus été réédité jusqu'à ce jour, ni en Pologne ni ailleurs. À une époque où les pays conquis par l'armée Rouge voyaient la poigne de leurs libérateurs se refermer sur leur gorge, la nomenklatura d'Europe de l'Est ne pouvait tolérer de témoignages aussi directs, aussi sincères, aussi exigeants que celui-ci. Ils étaient trop porteurs d'amères vérités sur ces Russes, ces Polonais, ces Ukrainiens, ces Lettons, ces Juifs qui dans leur déroute en étaient venus à collaborer avec les occupants nazis.

Même en Israël, on ne voulait pas les entendre, ces tristes vérités, et aussi paradoxale qu'elle puisse paraître cette réaction est compréhensible : c'était un sujet qui restait insupportable à tous ceux qu'il concernait, victimes comme coupables, bien que pour des raisons diamétralement opposées, évidemment.

---

1. C'est-à-dire la même année que paraissait dans un journal juif de Buenos Aires le court et fascinant texte de Zvi Kolitz, *Yossel Rakover s'adresse à Dieu*, dont le personnage écrit peu avant sa mort : « Les Juifs ne crient pas. Ils accueillent la mort comme une délivrance. Le ghetto de Varsovie meurt en combattant. Il tire, il lutte, il brûle et il meurt, mais sans un cri », *in Yossel Rakover s'adresse à Dieu*, trad. Léa Marcou, Maren-Sell-Calmann-Lévy, Paris, 1998, p. 24. *(N.d.T.)*

Lui qui a compté nos heures
Continue à compter.
Mais que compte-il, dites-moi ?
Il compte et recompte…

Paul Celan

Des chiffres, encore des chiffres : sur les trois millions et demi de Juifs qui vivaient jadis en Pologne, deux cent quarante mille ont survécu à l'occupation nazie. Certes, l'antisémitisme local était virulent bien avant l'invasion allemande, et cependant trois à quatre cent mille Polonais ont risqué leur vie pour sauver des Juifs. Un tiers des seize mille Aryens honorés à Yad Vashem, le mémorial de la Shoah à Jérusalem, étaient d'origine polonaise. Pourquoi un calcul aussi précis ? Parce que si tout le monde sait que la violence antisémite a fini par devenir partie intégrante des traditions de ce pays on ignore très souvent qu'aucun autre peuple d'Europe n'a soustrait autant de Juifs à la main meurtrière des nazis. Si vous cachiez un Juif en France, vous risquiez la prison ou la déportation ; en Allemagne, cela vous coûtait la vie ; en Pologne, c'était toute votre famille qui était massacrée avec vous.

Un aspect de la personnalité de Szpilman m'a particulièrement frappé : dans la gamme de ses émotions, le ressentiment, le désir de vengeance ne semblent pas exister. Je me souviens d'un jour où nous étions réunis à Varsovie. Ses tournées de pianiste l'avaient conduit dans le monde entier, mais il était maintenant là, épuisé, assis devant son vieux piano à queue qui avait grand besoin d'être réaccordé, et à ce moment il a eu une remarque presque puérile, à la fois ironique et d'une terrible gravité : « Dans ma jeunesse, j'ai étudié deux ans à Berlin. Je n'arrive tout simplement pas à les comprendre, les Allemands... Ils avaient un sens de la musique tellement extraordinaire ! »

Le tableau que ce livre nous donne de la vie quotidienne dans le ghetto de Varsovie est lui aussi plein d'enseignement. Grâce à la description de Wladyslaw Szpilman, nous en arrivons à mieux saisir ce dont nous nous doutions déjà : la prison, le ghetto, le camp de concentration, leurs baraquements, leurs miradors, leurs chambres à gaz, ne sont pas conçus pour anoblir l'être humain ; la faim ne le rend pas plus sublime, au contraire. Ou, pour parler cru : même derrière les barbelés, une crapule restera une crapule. Mais ce genre de simplifications a aussi ses limites. Il y a eu des vauriens patentés, des escrocs notoires qui ont manifesté bien plus de courage et d'humanité dans ces lieux de souffrance que de respectables petits-bourgeois.

Parfois, quand il évoque la Shoah, la prose épurée de Szpilman atteint la densité de la poésie. Je pense notamment à cette scène à l'*Umschlagplatz*, lorsque le sort du narrateur est déjà scellé, qu'il va être emmené vers un avenir inconnu, mais que chacun pressent comme une mort certaine, et qu'à cet instant l'auteur, ses parents, ses sœurs et son frère se partagent un caramel en six, leur dernier repas pris ensemble. Et je me rappelle aussi l'indignation de ce dentiste tandis qu'ils attendent le train de la mort : « C'est une honte pour nous tous ! Nous les laissons nous conduire à la tuerie comme des moutons à l'abattoir ! Si nous attaquions les Allemands, le demi-million que nous sommes, nous pourrions nous libérer du ghetto, ou en tout cas mourir dignement, au lieu de laisser une page aussi honteuse dans l'Histoire ! » Et la réplique apportée par le père de Szpilman : « Nous ne sommes pas des héros, nous, mais des gens tout ce qu'il y a d'ordinaire ! Et c'est pourquoi nous préférons prendre le risque de garder l'espoir même dans ces dix pour cent de chances que nous avons de survivre. » Ainsi que cela peut arriver dans toute authentique tragédie, ils avaient raison, l'un et l'autre.

Fallait-il résister, ou non ? Cette question à jamais ouverte, les Juifs l'ont débattue des milliers de fois, considérée sous tous ses aspects, et nul doute que leur descendance continuera à le faire. Pour ma part, je suis enclin à une approche plus pragmatique : comment ces malheureux, tous des civils, comment ces femmes, ces enfants, ces vieillards que Dieu et le reste du monde avaient abandonnés, comment ces hommes malades et affamés auraient-ils pu se défendre face à une entreprise d'extermination aussi systématique, aussi parfaite ? La résistance était impossible... et cependant elle a existé. Le soulèvement armé du ghetto de Varsovie, ainsi que les centaines d'actes de bravoure dont les partisans juifs ont été capables, prouvent qu'elle a même pu être fort efficace. Et il y a eu aussi des révoltes à Sobibor, voire à Treblinka... Je pense également à Lydia Vago et à Sarah Ehrenhalt, réfugiées en Israël après avoir survécu au travail forcé à la cartoucherie « Union » d'Auschwitz, la fabrique d'où ont été sortis les explosifs qui allaient permettre de détruire l'un des fours crématoires du camp.

Wladyslaw Szpilman a pris une part active à cette courageuse résistance. Il le mentionne rapidement dans son récit, avec une grande modestie : ce n'était pas seulement du pain ou des pommes de terre qu'il rapportait clandestinement de la partie aryenne de la ville où sa colonne de forçats était conduite chaque jour par les nazis, mais aussi des munitions.

La présente édition offre également aux lecteurs, pour la première fois, des extraits du journal de Wilm Hosenfeld, cet officier de la Wehrmacht sans lequel Szpilman, un Juif polonais, n'aurait probablement pas survécu. Enseignant de profession, Hosenfeld avait déjà servi sous les drapeaux en tant que lieutenant au cours de la Première Guerre mondiale, ce qui expliquerait qu'il ait été jugé trop âgé pour être envoyé au front en 1939, recevant une affectation plus administrative qu'opérationnelle : il était chargé de superviser toutes les installations sportives de Varsovie réquisitionnées par la Werhmacht afin que ses soldats puissent se maintenir en bonne condition physique. Dans les derniers jours du conflit, le capitaine Hosenfeld allait être fait prisonnier par l'armée soviétique. Il est mort en captivité sept ans plus tard.

Au début de son épopée, Wladyslaw Szpilman est sauvé par un des membres de la police juive du ghetto, tant haïe par ses habitants ; à la fin, c'est un officier allemand qui découvre le pianiste moribond dans les ruines désertées de Varsovie, et qui non seulement l'épargne mais lui apporte de la nourriture, un édredon et un manteau dans sa cachette. On se croirait dans un conte de fées hollywoodien et pourtant cette terrible histoire est bien réelle. L'un des représentants abhorrés de la « race supérieure » s'est transformé en ange gardien. Et alors qu'il est désormais évident que l'Allemagne d'Hitler a perdu la guerre le fugitif a la prévoyance de donner à son anonyme protecteur une information importante : « S'il vous arrive quoi que ce soit, si je peux vous aider d'une quelconque manière, retenez mon nom : Szpilman, à Radio Pologne. » Je tiens de l'intéressé lui-même qu'il a entrepris de rechercher son sauveur dès 1945. Sans succès : lorsqu'il s'est rendu à l'endroit où son ami violoniste avait aperçu cet homme, le camp de détention provisoire avait déjà été déplacé.

Hosenfeld est donc mort en détention, à Stalingrad, un an avant la disparition du maître de l'URSS. Pendant sa captivité, il avait subi des tortures constantes car les officiers soviétiques prenaient pour un mensonge particulièrement révoltant son insistance à affirmer qu'il avait sauvé la vie à des Juifs. Victime de plusieurs accidents cérébraux, il avait fini sa vie très diminué, un enfant battu qui ne comprend pas pourquoi on le roue de coups, tout espoir ruiné en lui. Mais il avait tout de même réussi à envoyer son journal intime en Allemagne.

Sa dernière permission remontait à la Pentecôte 1944. Il existe une belle photo de l'officier échappé un moment de la sale guerre, impeccable dans son uniforme blanc, entouré des êtres aimés, sa femme et ses enfants. Une image idyllique, empreinte d'une paix éternelle.

La famille Hosenfeld a conservé précieusement les deux calepins couverts d'une écriture serrée. La dernière annotation date du 11 août 1944, ce qui signifie que le capitaine transmettait ses commentaires les plus dévastateurs à ses proches par la poste militaire. On redoute d'imaginer ce qui lui serait arrivé si les deux carnets étaient tombés entre les mains des sinistres sbires en manteaux de cuir... Ils l'auraient massacré sur place.

Le fils de Wilm Hosenfeld m'a donné une description très vivante de la personnalité de son père : « C'était un enseignant passionné par son travail, qui prenait à cœur sa mission de pédagogue. Après la Première Guerre mondiale, à une époque où les punitions corporelles étaient encore la règle dans les établissements scolaires, il traitait ses élèves avec un respect et une patience très inhabituels. À l'école de village de Spessart, il lui arrivait souvent de prendre ceux de la petite classe sur ses genoux pour les aider à déchiffrer l'alphabet s'ils n'y arrivaient pas bien. Et il avait toujours deux mouchoirs dans sa poche, un pour lui et un autre pour ses plus jeunes élèves, dont le nez coulait tout le temps !

« Pendant l'hiver 39-40, l'unité de mon père, qui avait quitté Fulda pour la Pologne à l'automne, a été stationnée dans la petite ville de Wegrow, à l'est de Varsovie. Auparavant, les autorités allemandes avaient réquisitionné tout le foin destiné au départ à l'armée polonaise. Par une journée très froide, mon père a aperçu par hasard un SS qui s'était emparé d'un garçon, un écolier, qu'on venait de surprendre en train de dérober du foin réquisitionné dans une grange. À peine une brassée, sans doute, mais il était clair que l'autre s'apprêtait à l'abattre, pour le punir de son vol et pour faire un exemple. Mon père m'a raconté qu'il s'était jeté sur le SS en criant : "Vous ne pouvez pas tuer cet enfant !" Alors le SS a sorti son pistolet, l'a braqué sur lui et lui a dit d'une voix menaçante : "Si tu ne disparais pas d'ici tout de suite, je te tue toi aussi !" Il lui a fallu très longtemps pour surmonter le choc. Il n'en a parlé qu'une fois, deux ou trois ans plus tard, pendant une permission. J'ai été le seul de la famille à entendre cette histoire. »

Wladyslaw Szpilman a retrouvé son piano à la radio de Varsovie dès la fin de la guerre. Les programmes de la station ont repris précisément avec son interprétation de l'œuvre de Chopın qu'il était en train de jouer le jour de 1939 où un déluge de bombes allemandes avait réduit l'émetteur au silence. On pourrait dire que la retransmission de ce *Nocturne* en *ut* dièse mineur n'avait donc été que brièvement interrompue : six années, le temps que Herr Hitler puisse exécuter sa partition sur la scène mondiale...

Szpilman est resté sans aucunes nouvelles de son ange gardien pendant quatre ans. En 1950, pourtant, un témoignage inattendu allait se présenter : un certain Leon Warm, Juif polonais partant vivre à l'étranger, avait fait un détour par l'Allemagne fédérale pour rendre visite à la famille Hosenfeld. L'un des fils de Wilm devait écrire à ce sujet : « Au cours des premières années qui ont suivi la guerre, ma mère vivait avec mon frère cadet et ma sœur dans une partie de notre ancien logement de fonction de l'école de Thalau, un village du massif montagneux du Rhoen. Le 14 novembre 1950, un sympathique jeune Polonais s'est présenté chez elle. Il cherchait mon père, qu'il avait connu à Varsovie pendant la guerre. Il se trouve que cet homme avait réussi à ouvrir une des bouches d'aération condamnées par des fils barbelés dans le wagon à bestiaux où il avait été enfermé avec ses compagnons d'infortune, en route pour le camp d'extermination de Treblinka. Il avait sauté du train en marche, échappant à la mort. Mon père, qu'il avait rencontré par l'intermédiaire d'amis de Varsovie, lui avait obtenu un laissez-passer sous un faux nom et lui avait trouvé une place d'employé au complexe sportif de la capitale. Puis il avait exercé son métier de chimiste en Pologne avant de décider d'émigrer en Australie, où il se proposait de créer son laboratoire. »

Grâce à cette visite, Leon Warm allait apprendre de Frau Hosenfeld que son mari était toujours en vie. Elle avait reçu quelques lettres qui le lui prouvaient. L'épouse de Wilm lui avait même montré une carte postale datée du 15 juillet 1946, sur laquelle il avait dressé une liste de Juifs et de Polonais qu'il avait personnellement sauvés, en demandant à sa femme d'entrer en contact avec ces personnes pour leur demander d'intervenir en sa faveur. En quatrième position dans la liste, ils avaient réussi à déchiffrer : « Wladislaus Spielmann, pianiste à Radio Varsovie. »

Le souvenir de Wilm Hosenfeld restait également vivace dans la mémoire d'une famille polonaise, les Cieciora. Au cours des premiers jours de la « guerre-éclair », en effet, la femme de Stanislaw Cieciora avait vécu une expérience des plus étranges alors qu'elle se rendait au camp de prisonniers de Pabianice, où son mari blessé au combat devait certainement être détenu avec d'autres soldats de l'armée en déroute, lui avait-on dit. Sur la route, elle avait croisé un officier allemand en bicyclette, qui lui avait demandé où elle allait. Tétanisée par la peur, elle était cependant parvenue à bredouiller la vérité : « Mon mari… il est militaire et il est malade… au camp, là-bas… Moi je vais bientôt mettre mon enfant au monde et je crains pour sa vie. » L'Allemand avait noté le nom du prisonnier, puis il lui avait dit de retourner chez elle en lui promettant : « Votre mari sera à la maison dans trois jours. » Ce qui s'était réalisé.

Par la suite, Hosenfeld était passé les voir de temps à autre et ils s'étaient liés d'amitié. Cet Allemand hors du commun avait entrepris d'apprendre le polonais ; catholique pratiquant, il se rendait même parfois à l'église en compagnie de ses nouveaux amis, assistant à la messe ordinaire dans son uniforme de la Wehrmacht. Quel symbole, vraiment, un officier sanglé du « manteau vert-de-gris des assassins » agenouillé devant un curé polonais et recevant sur sa langue aryenne l'hostie déposée par un « sous-homme de Slave » !

De fil en aiguille, la famille Cieciora lui avait confié son inquiétude au sujet du frère de Stanislaw, un prêtre passé dans la clandestinité que les Allemands recherchaient activement. Hosenfeld allait le sauver également, de même que par la suite un ami des Cieciora, qu'il était arrivé à tirer des griffes de l'occupant en le faisant descendre d'un camion militaire. C'est dans la relation des faits donnée par la fille du capitaine Hosenfeld que j'ai découvert comment ces deux hommes ont échappé à la mort : « Au printemps 1973, nous avons reçu la visite de Maciej Cieciora, venu de Posen (Poznan). Son oncle, un curé, avait dû fuir la Gestapo après l'invasion allemande de l'automne 1939. Mon père, qui avait alors la charge des complexes sportifs de Varsovie réquisitionnés par la Wehrmacht, l'avait pris sous sa protection en lui donnant un travail dans son bureau sous le nom d'emprunt de Cichocki. C'est par l'intermédiaire du père Cieciora, avec lequel il s'était rapidement lié d'amitié, qu'il avait fait la connaissance du beau-frère de celui-ci, un M. Koschel. Et il l'avait revu dans des circonstances très exceptionnelles.

« D'après ce que Maciej Cieciora nous a raconté, les résistants polonais avaient abattu des soldats allemands dans le quartier de Varsovie où habitaient les Koschel. Cela devait se passer en 1943, certainement. En conséquence, les SS avaient opéré une rafle, arrêtant plusieurs résidents de ce quartier, dont M. Koschel, et les embarquant dans un camion militaire : les malheureux

261

devaient être conduits hors de la ville et fusillés immédiatement, en forme de représailles.

« Un heureux hasard a voulu que mon père soit passé à pied près de ce véhicule alors que celui-ci franchissait un carrefour du centre-ville. Reconnaissant cet officier qu'il connaissait sur le trottoir, M. Koschel lui a adressé de grands signes, un appel à l'aide que mon père a aussitôt compris. Avec une remarquable présence d'esprit, il s'est jeté sur la chaussée en ordonnant d'un geste au chauffeur de s'arrêter. "Il me faut quelqu'un, c'est urgent !", a-t-il alors lancé d'un ton impérieux au SS qui commandait l'escouade. Puis il est monté dans le camion, il a examiné ses occupants et il a montré Koschel du doigt. Les SS l'ont laissé redescendre avec lui et il a été sauvé. »

Le monde est petit, décidément. Et plein de surprises. Huit années après l'effondrement du bloc soviétique, le consul de Pologne à Hambourg n'est autre que… le fils de Stanislaw Cieciora. Lequel m'a confié un détail émouvant : même pendant la guerre, par gratitude envers le capitaine, ses parents ont tenu à envoyer des colis de vivres à la famille Hosenfeld. Des saucisses et du beurre partis de la Pologne ravagée par la famine pour l'Allemagne d'Hitler…

Par le truchement de la radio polonaise, Leon Warm allait entrer en contact avec Wladyslaw Szpilman. Il lui a transmis la liste des personnes que Wilm Hosenfeld avait sauvées, ainsi que son appel à l'aide désespéré. C'était il y a près d'un demi-siècle, aujourd'hui.

En 1957, Szpilman réalise une tournée en Allemagne de l'Ouest avec le grand violoniste Bronislav Gimpel.

À cette occasion, les deux musiciens se rendent à Thalau, où ils rencontrent Annemarie Hosenfeld, la femme du courageux officier, et leurs deux fils, Helmut et Detlef. À Szpilman, la veuve confiera la photographie de son mari disparu qui est reproduite dans le présent ouvrage.

À l'été 1997, alors que la publication en allemand de ce livre pratiquement tombé dans l'oubli venait d'être décidée et que j'interrogeais le vieil homme au sujet de Wilm Hosenfeld, il m'a répondu en ces termes : « Je n'aime pas parler de cela, vous savez… Je n'en ai jamais dit un mot à quiconque, pas même à ma femme ni à mes deux fils. Pourquoi, me demanderez-vous ? Parce que j'avais honte, voilà… Voyez-vous, quand j'ai fini par apprendre le nom de cet officier allemand dans les derniers mois de 1950, j'ai lutté contre l'appréhension et j'ai surmonté mon dégoût pour accomplir une démarche qui m'était très pénible. Je suis allé me présenter humblement devant un criminel auquel aucun homme de bien en Pologne n'aurait voulu adresser la parole : Jakub Berman.

« C'était le chef du NKVD polonais. La personne la plus puissante du pays, à l'époque, encore plus influente que le ministre de l'Intérieur. Et un salaud fini, ce que tout le monde savait pertinemment. Mais je voulais essayer quand même, et donc je suis allé le voir et je lui ai tout raconté, tout en ajoutant que je n'étais pas le seul à avoir été sauvé par Hosenfeld. Qu'il avait protégé des enfants juifs, également, et que dès le début de la guerre il achetait des chaussures à de petits Polonais, leur donnait à manger… Je lui ai aussi parlé de Leon Warm, et de la famille Cieciora. Beaucoup, beaucoup de gens doivent la vie à cet Allemand, ai-je insisté. Berman m'a écouté attentivement. Il m'a promis de faire ce qui était en son

pouvoir. Au bout de quelques jours, il a même télé-
phoné chez nous, personnellement. Pour dire qu'il était
désolé mais qu'il ne pouvait rien pour lui. "Si votre Allemand était encore en Pologne, on aurait été en mesure
de le sortir de là, m'a-t-il déclaré, mais nos camarades
soviétiques, eux, ne le lâcheront pas. D'après eux, votre
capitaine appartenait à une unité qui menait des activités d'espionnage. Donc nous autres, Polonais, nous
n'avons aucun moyen d'intervention. Je suis impuis-
sant, à ce niveau." Lui, un homme qui faisait la pluie et le
beau temps grâce à Staline ! Résultat, je me suis adressé
au pire gredin de la bande et cela n'a servi à rien... »

Dans la Pologne de l'immédiat après-guerre, il aurait
été impossible de publier un livre dépeignant le courage
et l'abnégation d'un officier allemand. Les lecteurs
d'aujourd'hui apprendront sans doute avec intérêt que
dans la version initiale de son récit Wladyslaw Szpilman
avait été contraint de transformer Wilm Hosenfeld en...
Autrichien. Aussi absurde que cela puisse paraître, un
ange gardien venu d'Autriche et non d'Allemagne était
donc un « moindre mal », en ce temps-là. C'est qu'en
pleine guerre froide l'Autriche et l'Allemagne de l'Est
avaient un argument hypocrite en commun : l'une et
l'autre prétendaient avoir subi à leur corps défendant
l'occupation des troupes du Reich.

Au musée Yad Vashem de Jérusalem, l'Allée des
Justes est formée de jeunes arbres plantés en souvenir de
tous les Gentils qui ont sauvé des Juifs de l'Holocauste.
Un arbre pour une femme ou un homme de bonne
volonté, dont les noms sont inscrits sur de petites plaques
à côté des troncs jaillissant du sol rocailleux. Qui entre
dans ce lieu de mémoire passe donc devant ces milliers

de noms, à jamais préservés de l'oubli. Pour ma part, j'œuvre à ce qu'il y ait bientôt, quelque part dans l'Allée des Justes, un arbre nourri de l'eau du Jourdain qui porte celui du capitaine Wilm Hosenfeld. Wladyslaw Szpilman, disparu à l'été 2000, n'est plus là pour le planter. Espérons que cet honneur revienne bientôt à son fils Andrzej.

Table

Cet ouvrage a été réalisé par la
SOCIÉTÉ NOUVELLE FIRMIN-DIDOT
Mesnil-sur-l'Estrée
pour le compte des Éditions Robert Laffont
24, avenue Marceau, 75008 Paris
en janvier 2002

Dépôt légal : janvier 2001
N° d'édition : 42564/24 - N° d'impression : 58121